本书受北京交通大学国家经济安全预警工程北京实验室资助

THE RESEARCH
ON
TECHNOLOGICAL
FINANCE
SUPPORT
FOR
TECHNOLOGICAL
INNOVATION

李孟刚　陈珊　著

科技金融
支持科技创新

FINANCE

机制、效果
与对策

MECHANISMS,
OUTCOMES
AND SUGGESTIONS

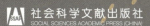

社会科学文献出版社
SOCIAL SCIENCES ACADEMIC PRESS (CHINA)

摘　要

　　"科技金融支持科技创新"这一理论命题既是马克思主义基本原理的科学实践，又是当代经济学理论前沿问题的现实体现。当前科技金融支持科技创新发展仍是我国社会主义市场经济发展中的薄弱环节，存在诸如金融和科技"两张皮"与融合度不高之类急需解决的问题。近年来，针对"科技金融支持科技创新"的研究绝大部分是从实证分析角度出发，围绕创新效率来展开的，而科技金融支持科技创新的作用机制与效果等方面的问题却尚未得到全面认识与梳理。科技金融支持科技创新的内在机制是什么？不同方式的科技金融支持是否会对科技创新起到不同作用？科技金融对科技创新的支持是否有区域异质性？这些都是需要加以梳理并深入解决的重要问题，也是本书的研究主题。

　　本书首先通过建立数理模型，推导科技金融支持科技创新的作用机制。然后引入三种金融支持方式验证其对科技创新支持的提升或抑制作用。其后利用数据包络分析（DEA）方法和回归分析法，对我国各省（自治区、直辖市）的科技金融支持科技创新的实践效果进行研究，并细化分析科技金融体系对科技创新的影响。最后基于协同学的视角，将科技金融与科技创新视为协同发展的复合协同系统，通过建立复合协同系统模型，判断两者之间协同度现状及发展趋势。在从数理模型到实证分析的过程中，本书揭示了科技金融支持科技创新的内在机制和外在环境影响；明确了我国科技金融对科技创新效率的支持作用和区域异质性；分析了科技金融和科技创新协同发展的状态和趋势，为我国科技金融支持科技创新发展提供理论参考和经验总结。

本书得到的研究结论如下。第一，在不考虑科技金融支持的情况下，市场均衡状态下的企业自发的科技创新决策是厌恶风险的，而且产业内存在企业间过度竞争的可能，相比社会福利最大化的最优决策有改进空间。政府应以科技金融等政策手段引导企业加大对高风险研发项目的资源投入，并引导有较强科技创新能力的企业留在产业内，避免恶性竞争。第二，引入三种科技金融支持方式，通过挤出效应、扭曲效应和企业数量控制作用影响企业自发决策行为，验证了科技金融支持能够矫正企业自发决策的风险厌恶偏向，提高社会福利水平。第三，科技金融对我国高技术产业科技创新效率有明显的正向支持作用，且科技金融支持方式对科技创新效率的影响也存在明显差异。企业自有资金投入对科技创新效率的促进作用明显，而外商投资却产生了抑制作用。科技金融对科技创新的支持必须充分考虑我国区域差异较大的现状，只有做到有针对性才能充分发挥科技金融的支持作用，最大限度地提升科技创新效率。第四，科技金融与科技创新复合系统的协同度在不同地区存在较大差异，且大部分地区的良性发展趋势不稳定。政府既需要努力提高公共科技金融的投资绩效，也需要创造条件改善市场科技金融的投资绩效。

本书有以下创新之处。第一，本书采用数理模型研究方法，经由推导得出在市场均衡状态下企业自发的研发资源投入决策具有风险厌恶的偏向，与社会福利最大化的最优研发决策相比有改进的空间。这有助于厘清科技金融支持科技创新的内部驱动机制。第二，将外部制度与政策因素引入数理模型对其影响予以分析，针对三种科技金融的支持，考察不同的科技金融支持给科技创新带来的提升或抑制作用，并将科技金融投入成本和科技创新成果的社会福利增值纳入考量范围，从而更加合理地对科技金融支持的影响差异进行研究。第三，通过建立"数理分析—实证分析"理论研究框架，将科技金融支持科技创新的作用机制和效果差异的问题梳理纳入该研究框架之中，通过分析得到了可信的、严谨的、可比的数据及结果，最后逻辑连贯地提出有针对性的对策建议。

关键词：科技金融　科技创新　风险项目　科技创新效率区域创新

目　录

第一章　绪论

第一节　研究背景

我国社会主要矛盾已经转化为人民日益增长的美好生活需要和不平衡不充分的发展之间的矛盾。要寻求解决我国社会主要矛盾的方式方法，就要回到马克思主义基本原理。依据生产力决定生产关系的马克思主义基本原理，我国深化改革和实施创新驱动发展战略的根本支撑力量必然源自生产力的发展。"科学技术是第一生产力"这一重要思想，对以科技创新引领生产力发展有着指导意义。党的十九大做出我国经济已由高速增长阶段转向高质量发展阶段的重大战略判断，中国特色社会主义进入全面建设社会主义现代化国家的新时代。习近平主席在 2013 年 10 月 21 日欧美同学会成立 100 周年庆祝大会上的讲话中指出："创新是一个民族进步的灵魂，是一个国家兴旺发达的不竭动力。"因此，致力于科技创新的发展，是我国兴旺发达的重要保证。

改革开放以来，得益于劳动力和资源环境的低成本优势，我国建成了门类齐全、独立完整的"中国制造"体系，实现了从农业大国到具有全球影响力的贸易大国的转变，成为名副其实的世界工厂，经济总量已仅次于美国位居世界第二。目前全球经济发展进入智能化的新阶段，我国低成本的优势以及人口红利都在逐渐消失；而发达国家对高技术产业的把持，导致全球范围内出现了低附加值的制造业向东南亚转移、高端及核心制造业向欧美等国家回流的新趋势。在原有的经济驱动力受限的情况下，科技创新与资本技术的融合带来技术红利，与劳动力工作技能融合带来素质红利，亟须通过科技创新的渗透作用放大各生产要素的生产力，从而提高社会整体生产力水平，推动我国经济从大体量向高质量发展转型。面对造成当前经济下行压力加大的诸多现实问题，科技创新是终极良方。

自 2008 年国际金融危机以来，各国都认识到了科技创新作为经济发展新动能的重要作用并积极推动创新发展。而颠覆性技术的出现不断打破人类现有的认知，不同领域间的融合发展也逐渐催生出各种新产业，新一轮由创新驱动的科技革命和产业升级也带给我国更多"弯道超车"的战略机遇。而实现科技创新推动经济转型发展的美好愿景离不开科技金融的支持。从全球视野看，科技型企业的融资由市场力量主导，科技创新与风险投资息息相关，科技金融支持科技创新的命题历久弥新。我国科技型企业日渐强大，企业的科技研发投入持续攀升。仅 2020 年华为研发总费用就达到 1418.93 亿元，而华为每年将 10% 以上的销售收入投入研发，近 10 年累计研发投入已经超过 7200 亿元。① 近年来，我国政府高度重视科技金融的发展，不断拓宽破解科技型企业融资难题的金融渠道，从而使科技金融对科技创新的支持进入一个新的发展阶段。在我国，目前这种作用力已不再是表层化的，而是深层次的。在此情况下，需要加大研发力度，深入把握这种支持作用的内在规律与发展走向。

从以往经验来看，金融发展和经济发展是相辅相成的关系，并且金融对经济的影响会随着发展阶段的不同而有所变化。在物质短

---

① 数据来源于华为投资控股有限公司 2020 年年度报告，https://www.huawei.com/cn/annual-report/2020。

缺特别是金融产品匮乏的阶段，金融是被动的存在。尤其在前工业化时期，各国的货币都与黄金挂钩，而黄金本身是稀缺的，所以资本的供给是匮乏的，金融产品更是无从谈起。但在工业化完成后或后工业化时期，社会摆脱了物质短缺状态，工业化转为信息化。由于美元与黄金的脱钩，全球进入信用货币时代，资金可以被创造，金融产品越来越丰富，金融市场越来越发达。生产能力的过剩使信息化与金融的关系开始出现供需平衡的波动。生产创造开始围绕生活质量层面展开，生产融资可以在资本市场上直接进行。在这个阶段，科技创新成为重要的发展领域，金融支持成为强大的助推器。尤其是硅谷和华尔街的联合，造就了信息化技术的突飞猛进，为互联网、云计算等技术的落地提供了足够的科技准备。

当前智能化开始取代信息化，全球化的生产能力得到了突飞猛进的发展，达到很高的水平，物质出现过剩的趋势。从发达国家的情况来看，金融在科技创新的过程中正发挥着主动作用。当前科技创新成为创造社会财富的核心环节，尤其是随着数据的快速累积，科技融资的模式越来越多样化与多元化，例如天使投资、风险投资，以及各种孵化器、产业引导基金等，都在积极地参与到科技融资的进程中。这意味着，科技创新的融资不再是一个硬约束，科技金融会产生巨大的影响。

提高科技创新效率的核心就在于让"科技创新与经济社会发展紧密结合"，以推动社会经济发展为导向，向科技创新要效率、要产能。但就现状来看，在我国由创新驱动市场经济转型发展的进程中，各地区科技创新水平的不平衡将会被逐渐放大，这种不平衡反映在区域经济发展的差异上，只有通过各地区的科技金融支持才能改善这个不平衡的现状。而我国的科技金融仍具有发展不成熟的特点，科技与金融"两张皮"的情况还较为严重，科技与金融的融合度尚且不高，科技金融体系的建设尚不健全，其作用和效果也未能完全发挥，因此亟须深入研究、科学实践、总结经验并尽快完善。

2003年之前科技金融被认为是在金融业务流程中提高信息化程度，实现科技给金融业务赋能的金融。但经过近年来的发展，主流观点更多认为科技金融的核心是金融赋能科技，通过金融产品和服务平台促进高新技术企业的发展，即所谓的科技金融就是旨在支持科技创新的金融。当前，关于科技金融含义的常用观点是"科技金融兼具公共金融和商业金融属性，是促进科技开发、成果转化和高新技术产业发展的一系列金融工具、金融制度、金融政策与金融服务的系统性、创新性安排，是向科学和技术创新活动提供金融资源的政府、企业、市场、社会中介机构等各种主体及其在科技创新融资过程中的行为活动共同组成的一个体系，是国家科技创新体系和金融体系的重要组成部分"（赵昌文等，2009）。由此可见，发展科技金融以及将其与科技创新有机地结合在一起，是需要政府、企业、市场、社会机构等各种主体进行通力合作协同发展的。在此过程中，任何一方的缺失都有可能使这种结合遭遇退化，只有协同发展才能形成良性循环并促进产业升级和经济质量提升。企业、产业和经济的发展都需要科技金融提供有力支撑，稳步推进科技金融的理论研究和实践探索正当其时。

第二节　问题的提出与研究目标及意义

一　问题的提出

在本书中，科技金融可以进一步界定为包括政府财政或金融市场上发生的为推动科技创新和科技型企业发展而开展的各种形式的金融支持活动。这一概念界定主要基于科技金融概念内涵和科技金融问题范畴两个方面。

　　关于科技金融概念内涵，尽管科技金融在国家层面已备受重视，现实中政府财政或金融市场上也有一些试点，但理论上的概念界定还较为宽泛。例如，有学者认为科技金融不只是传统金融业务为适应环境变化在功能和业务上的一种延伸，更是金融工作的深化，是利用金融市场为科技财富载体提供融资；有学者认为科技金融是促进科技开发、成果转化和高新技术产业发展的一系列金融工具、金融制度、金融政策与金融服务的系统性、创新性安排；也有学者认为科技金融是科技和金融的融合，由金融体制机制发挥诱导作用，结合科技创新的特征，实现科技创新资本化，将金融资本与科技创新相结合。

　　本书认为科技金融是为推动科技创新和科技型企业发展而开展的金融活动的总称。虽然金融发达的国家和地区已有很多科技金融模式，但是我国的科技金融尚处于起步阶段。目前我国在金融市场的实践主要有科技创新和创业投资引导基金、科技型企业信用担保与反担保、重大战略专项金融产品、科技型企业科技股权设计等模式。

　　关于科技金融问题范畴，目前，从实践层面上看，科技金融角色在市场机制中快速转换，引发了一些值得探讨的，同时涉及科技和金融方面的问题。例如探讨科技金融实践是科技实践层面的工作还是金融实践层面的工作具有实践上的经验价值；又如探讨科技金融政策措施是政府主导的政策性业务还是金融机构主导的市场化业务具有重要的实践指导意义……毫无疑问，这些问题都是需要在系统完整的理论体系和研究中予以明确回答的。但是，本书对科技金融的研究并不涉及上述问题，而是只关注科技金融对科技创新的影响这一最直观、最重要的理论问题。从一定程度上说，只有明确了这个问题的答案，对其他问题的深化或细化研究才能体现出更显著的理论价值和实践价值。因此，科技金融可以界定为包括政府财政或金融市场上发生的为推动科技创新和科技型企业发展而开展的各种形式的金融支持活动。

通过前述的研究背景分析和概念问题界定，本书总体目标是对科技金融支持科技创新的三个问题展开研究。

问题一：科技金融支持科技创新的核心作用机制是什么？

问题二：不同类型的科技金融支持科技创新效果如何？

问题三：我国科技金融支持科技创新是否存在区域异质性？其影响因素有哪些？

对上述三个问题的探讨，不仅有利于从理论上深层次地挖掘科技金融对科技创新支持的内在机理，并且也能帮助梳理不同方式的科技金融对不同种类的科技创新在企业层面、行业层面乃至社会层面的影响。从不断变化的环境和协同发展的角度来分析科技金融支持科技创新的效果，能更全面地覆盖其发展过程，并提供经验证据。在中国特色社会主义市场经济的环境下，高效引导资源配置，充分激发科技创新活力，是社会主义市场经济实现更大发展的重要保证。本书通过深入研究科技金融支持科技创新的机制与效果，从而为国家经济高质量发展提供相关政策参考。

二 研究目标

本书的总体目标是研究科技金融支持科技创新的内在核心机理和外部作用机制、不同种类的科技金融对科技创新所起到的不同作用，以及科技金融与科技创新之间的相互协同效应；以我国高技术产业为样本，分析科技金融支持科技创新的实际效果；最后提出相应对策与建议。本书涵盖以下具体目标。

第一，在不考虑科技金融支持的科技创新基本模型中，确定在面对不同风险程度的研发项目时企业自发决策和决策层的最优决策之间的差异；对社会福利水平的影响和影响的内在机理。第二，在有科技金融支持的科技创新扩展模型中，确定科技金融的支持对企业的自发决策所起到的作用及其与决策层的最优决策之间的差异变化；明确对社会福利水平影响的变化，以及影响变化的外在机制。第三，确定科技金融对我国不同区域高技术产业的科技创新发展的实际作用，明确区域差异对效率的影响。第四，确定科技金融与科技创新交互式协同发展的影响，明确不同地区的差异表现。第五，结合科技金融支持科技创新的作用机制和现状研究，提出相应的对策建议。

三 研究意义

本书构建了"数理分析—实证分析"的理论分析框架，从数理模型的推导中得出科技金融支持科技创新的内在机理，并且分析了有科技金融支持的科技创新所受到的影响以及对企业、行业和社会福利所起到的作用；对现有的实证分析做了有力补充。在数理分析的基础上，基于我国各省（自治区、直辖市）的面板数据，研究我国高技术产业的科技创新效率发展现状，并选取政府支持、企业自主创新投入和风险投资三个方面作为科技金融体系的系统指标来进行回归分析；从单向的作用研究逐渐延伸到对科技金融和科技创新的协同作用研究，为加快科技创新的步伐、加快实施创新驱动发展战略提供了理论和实践的参考和建议。

1. 理论意义

通过数理模型屏蔽较多的干扰因素，从而揭示了科技金融支持科技创新在逻辑上的内在支撑，对现有的实证分析做了完善和补充。从建立不考虑科技金融支持的科技创新数理模型入手，逐步推导科技创新发展的偏向性与理想状态下的社会最优状态，并对此做比较研究。在将定额科技金融、定比科技金融和科技奖励金融的支持引入扩展模型中后，明确科技创新发展在科技金融支持下的变化方向

是否与理想状态下的社会最优决策趋近，以及分析这三种科技金融
手段带来的挤出作用、扭曲作用和对行业中企业数量控制的多重影
响；在理论层面进一步揭示了受外部环境变迁的影响，科技金融对
科技创新的支持作用会得到加强还是削弱。

基于两个阶段数理模型的分析，进一步明确了不同的科技金
融对不同阶段和不同风险类型科技创新的作用有明显差异的根本原
因，为有针对性地引导科技金融资源配置、提升科技创新效率提供
参考。

2. 现实意义

首先，为企业更高效地获取与科技创新发展相匹配的科技金融
支持提供参考。通过实证分析指出由于我国区域差异性，各地区高
技术产业科技创新所受到的科技金融支持促进作用因资源条件、地
区经济和政策环境的不同而不同，尤其还因科技金融系统的具体实
现支持方式的不同而不同。

其次，为政府制定科技金融及一系列相关政策的制度提供建设
性建议。通过科学严谨的研究，评价我国科技金融支持科技创新的
健全程度，以及测度改善外部环境、优化内部机制的可行空间，为
相应的建议提供数据参考。而且有别于其他科技金融与科技创新之
间仅存在单向支持作用的思路，本书将它们视为互相渗透和影响的
有机整体，两者间还可能呈现一定程度的协同发展态势，从而由此
拓展出多层次发展的思路。

最后，针对科技金融支持科技创新的机制、效果与对策的研究
揭示了我国科技金融支持科技创新的外部环境、内部机制均存在一
定的改善与优化空间，对完善科技金融体系、拓宽科技型企业的融
资渠道、激活科技创新的活力、进一步推进创新引领经济高发展质
量的战略具有十分重要的理论与现实意义。

第三节　研究方法

本书采用了数理模型研究法、数据包络分析法、生产函数回归分析法和复合系统协同度分析法来分析和研究科技金融支持科技创新的机制与效果。

一　数理模型研究法

建立基本模型：假定某个产业中有 n 家完全相同的企业，为达到科技创新的目的而投入大量研发资源开展创新研发。假定每家企业都在研发上投入 d 个单位的研发资源以满足实验室建设等固定投资的需要。企业可以将它的研发资源投放到两种类型（Ⅰ型和Ⅱ型）的研发项目上去。记第 i 家企业在Ⅰ型研发项目上投入的研发资源为 x_i，那么它在Ⅱ型研发项目上投入的研发资源为 $d-x_i$，且研发投入 x_i 必须满足 $x_i \leqslant d$。第 i 家企业在Ⅰ型研发项目上取得科技创新成功的概率为 $p(x_i)$，在Ⅱ型研发项目上取得科技创新成功的概率为 $q(d-x_i)$。

这 n 家企业在每个类型的研发项目上的科技创新都按照专利竞赛的方式展开，即按照赢者通吃的规则进行。模型中所有的企业都有完全相同的内外部条件，所以可以在模型的分析中只考虑所有企业做完全相同研发决策的对称均衡 (x_*, n_*)，其中 x_* 代表对称均衡下每家企业在Ⅰ型研发项目上投入的资源，n_* 代表对称均衡下市场上从事科技创新的企业数目。

考虑到Ⅰ型研发项目代表低风险的研发项目，Ⅱ型研发项目代表高风险的研发项目。而研发项目的风险程度与科技创新成功带来的价值水平之间是一种收益期望上的平衡关系。

通常，决策层最大化社会福利的决策被称为最优决策，而企业自发地满足市场均衡条件的决策则被称为次优决策。通过推导分析可得出通常情况下当企业面临多种不同风险程度的研发项目时，相对于社会福利最大化的情况，研发项目的风险对研发投入的影响以及对产业内企业数量起到的作用。

扩充建立包含科技金融支持的科技创新模型：根据实际情况，在前述基本模型中引入三种不同类型的科技金融进行支持。

第一，"定额科技金融"——在企业做研发资源投入决策时，不同类型的研发项目可以获得相应金额的科技金融。

第二，"定比科技金融"——在企业做研发资源投入决策时，不同类型的研发项目可以获得不同比例的科技金融。

第三，"科技奖励金融"——在企业做研发资源投入决策时，研发项目本身并不会获得科技金融，只有当研发项目取得科技创新成功后，企业方能获得与科技创新成果相对应的奖励性质的科技奖励支持，且奖励金额固定。

基于前述的数理模型，本书分别引入上述三个不同种类的科技金融支持，依次进行以下分析。第一，针对特定方式的科技金融对单一类型研发项目的企业收益进行分析。第二，推导在特定方式的科技金融支持下，企业自发的最大收益决策与市场均衡存在的唯一性。第三，分析特定方式的科技金融是否会驱使企业在面对不同风险程度的研发项目时做出新的科技创新决策，从而改变原本的行为模式。第四，分析特定方式的科技金融通过挤出效应、扭曲效应和改变产业内的企业数目等三种途径对企业的科技创新决策的影响。

二 数据包络分析法

数据包络分析（DEA）是评估具有多投入多产出的决策单元间的"相对有效性"的一种非参数的统计估计方法。Banker、Charnes和Cooper提出了规模报酬可变下的BCC模型（魏权龄，2000），

BCC 模型包括两种形式：一种是保持产出不变，使得投入达到最小的情况，被称作产出导向型模型；另一种是保持投入不变，使得产出最优的情况，被称作投入导向型模型。由于本书针对科技金融支持科技创新效率的研究中把投入要素作为主要目标变量，所以在以规模报酬可变作为前提条件的情况下，选用基于投入导向的 DEA 模型。

本书选择 R&D 人员全时当量作为反映从事高技术产业研究与开发的人力投入变量；R&D 经费内部支出是反映从事高技术产业研究与开发的资金投入变量。采用专利申请数作为产出变量，能够比较全面地反映各地区的发明和创新情况，是评估地区创新能力和创新产出的关键要素；采用各地区高技术产品销售收入作为产出变量，则是能反映科技创新成果转化为市场价值程度的关键要素。

为了消除价格水平对投入指标和产出指标的影响，用 GDP 平减指数对各地区的 R&D 经费内部支出和新产品销售收入变量的数值进行平减。对以 30 个省（自治区、直辖市）为决策单元的高技术产业区域创新效率进行实证分析；在规模报酬可变的条件下，测算不同区域的高技术产业科技创新效率。

三　生产函数回归分析法

本书采用广义的柯布－道格拉斯（C-D）生产函数，建立计量模型。对生产函数进行展开后，针对以科技金融体系因素为解释变量的高技术产业区域创新效率建立回归模型。本书将科技金融各项指标即政府支持（GI）、企业自主创新投入（CI）和风险投资（VCI）作为解释变量，分别对测算出的全国、东部地区、中部地区和西部地区的高技术产业创新效率进行回归分析。除了科技金融因素以外，社会环境中专业发展水平（L）和经济发展水平（F）也会对高技术产业创新效率产生重要影响，因此将 R&D 人员全时当量占科技活动人员总数的比重和外商直接投资实际利用额占各地 GDP 比重作为控制变量引入计量模型，其中 L 越大说明该地区科技活动中高素质专业人员占比越大。本书利用回归模型分析前述的科技创新效率，从而得到不同的科技金融支持手段对科技创新的实际影响，以及科技金融支持对不同区域的科技创新效率的作用差异。

四 复合系统协同度分析法

协同学理论是将由两个或两个以上的子系统按照复杂结构方式、相互关联作用所构成的复合系统作为研究对象，把复合系统的内在有序结构作为具体分析对象，构建科技金融与科技创新协同度的测度模型。

首先，建立子系统的有序度模型；然后，在子系统有序度模型的基础上建立科技金融与科技创新的复杂（或复合）系统协同度模型，其由科技金融子系统 S_1 和科技创新子系统 S_2 两部分复合而成；最后，明确测度科技金融与科技创新协同度的指标体系。基于科技创新子系统与科技金融子系统需要在投入、过程管理、产出各方面协同的视角下，构建测算协同度的指标体系。时间序列上的测算结果可以反映两个子系统在整个耦合过程中的协同状态。将"科技创新产出"和"科技金融投入"作为两个重要的序参量，它们共同决定科技金融创新复合系统是否处于良性、快速、可持续发展的状态。按照科技创新活动的时间逻辑顺序，将"科技创新产出"分为技术研发产出、技术转化产出与产业化产出 3 个一级指标；将"科技金融投入"分成人力投入和物力投入 2 个一级指标来构建协同度指标体系。在引入实际数据中的指标变量后，通过实证分析国内科技金融与科技创新在复合系统意义下的有序程度，揭示复合系统由于子系统间的正向/负向反馈作用有从无序走向有序的变化趋势。

本书建立的复合系统协同度模型在综合考察科技创新子系统与

科技金融子系统有序运行状况的基础上，提供了一种判断科技金融创新复合系统处于何种协同发展状态的评价标准与度量准则。

第四节 研究思路

本书的研究思路如图1-1所示。从科技金融支持科技创新的内在逻辑机制入手，首先提出不考虑科技金融支持科技创新的情况下，由创新项目风险因素所导致的创新发展的偏差和可优化性。然后，引入科技金融现有的三种方式，并验证三种不同方式所导致的结果，包括挤出作用、扭曲作用和对行业中企业数量的影响，将其作为对科技创新的外在环境造成的影响。其后，通过实证分析，确定科技金融支持科技创新的效率以及不同方式针对不同地区影响效果及差异性。之后，将科技金融与科技创新视为交互的有机整体，利用复

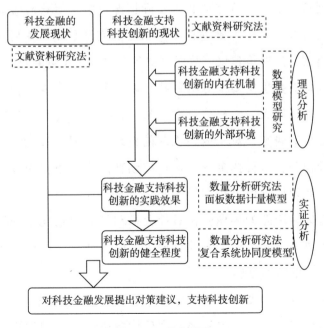

图1-1 研究思路

合系统协同度模型来实证分析这个有机体是否处于静态的有序状态，并且是否具有从无序走向有序的变化趋势。最后，针对上述研究，就区域的差异以及科技金融支持的不同方式给出具体的政策建议。

第五节　研究的创新点

本书构建了"数理分析—实证分析"的理论分析框架，有助于深入分析科技金融支持科技创新的内在机制和外在环境影响。首先论证了科技金融支持科技创新的作用机制，这部分的数理分析是目前的研究中较为缺乏的。本书还在数理分析中突出了"研发类型多样"（尤其是不同风险程度的研发类型）导致的企业自发的研发决策和决策层的最优研发决策之间的偏差，总结和比较了当前定额科技金融、定比科技金融和科技奖励金融这三种科技金融的不同形式对科技创新的影响。然后从我国实际情况出发，对科技金融支持科技创新的效率和影响因素进行不同角度的实证分析。最后针对分析研究提出相应的对策建议。故而本书具有以下三个创新点。

一是建立数理模型来分析科技金融对科技创新支持作用的内在机制。目前的绝大多数科技金融对科技创新的支持作用研究都是基于实证分析的研究，对于内在机制的数理逻辑研究较为缺乏。本书建立数理模型，对科技金融支持科技创新的内在逻辑做深层次的分析。经由数理推导得出在市场均衡状态下企业自发的研发资源投入决策具有风险厌恶的偏向，相对社会福利最大化情况下的最优研发决策有改进的空间。对"科技金融支持科技创新"的内部驱动机制做了逻辑上的有力证明。

二是将外部制度与政策因素引入数理模型中对其影响予以分析。目前的研究多基于给定的外部制度环境分析科技金融对科技创新的支持作用及效果，忽视了实际情况中外部环境的变化造成的影响。

本书将常见的三种科技金融支持方式引入数理模型，细化分析不同的科技金融支持方式对科技创新的提升或抑制作用。本书经过分析后进一步明确不同类型的科技金融支持通过挤出效应、扭曲效应和影响行业内企业数量的途径对企业自发创新决策的风险厌恶偏向起到了矫正作用。通过将科技金融投入成本和科技创新成果的社会福利增值纳入考量，从而更加合理地对科技金融支持的影响差异展开了研究。扩展数理模型的研究深化了对科技金融支持科技创新影响路径和最终效果的认识，为后续对科技金融支持的分析研究提供了新的思路。

三是将我国科技金融支持科技创新机制和效果的问题梳理与对策建议建立在由"数理分析—实证分析"的理论分析框架之中，并提出针对性建议。本书在数理分析中运用数理模型分析推导科技金融支持科技创新的内部机制和外部环境变迁给支持效果带来的提升或抑制作用。在实证分析中综合运用 DEA 数据分析和生产函数回归分析，对我国各省（自治区、直辖市）的高技术产业效率进行测算并考察了区域创新背后的科技金融系统等因素的影响作用。同时运用复合系统协同度模型，对科技金融与科技创新通过资金融通耦合协同发展的情况进行全面分析，从动态发展的视角来研究科技金融对科技创新的正向反馈作用，进一步了解两者之间向更高的有序结构演进的过程。本书丰富和拓展了目前对科技金融支持科技创新的认识和研究思路，通过分析得到了可信的、严谨的、可比的分析数据及结果，最后按照逻辑分析的思路提出了对策建议。

第二章　研究现状

　　科技金融与科技创新之间的关系，尤其是支持作用或协同发展关系，引起了学界的广泛关注。虽然国外学者并没有提出针对科技金融概念的明确论述或定义，但仍有大量文献讨论了与科技创新相关的金融支持或影响科技创新的金融因素的问题。而国内的学者则是结合我国实际情况，逐步明确了科技金融的概念、内涵及外延，而且对科技金融与科技创新相关问题做了许多重要研究工作。

　　下文首先梳理了国外科技金融相关文献，按照文献分析的研究路径可以将其划分为三个主流的研究范畴，一是"对科技金融能够显著促进科技创新的研究"，二是"对科技金融促进科技创新的作用存疑的研究"，三是"通过细分测度科技金融对科技创新贡献的研究"。而国内文献的研究则是在原有的理论基础上结合国内的实际情况，主要可以划分为四个领域，即"科技金融对科技创新作用的判定研究""科技金融对科技创新作用的比较研究""科技金融对科技创新作用的行业或企业层面研究""少数基于其他视角或方法的研究"。在以上的梳理和评述之后，本章对国内外文献和研究进行了总结。

第一节　国外研究现状

　　大多数国外学者认为，科技金融能够显著地促进科技创新，尽管他们关于科技金融的衡量指标存在差异，但在这个问题上他们大多数的回答是肯定性的。科技金融主要包含两大部分，即政府公共科技金融及市场科技金融，它们是最主要的两个研究领域。

一 对科技金融能够显著促进科技创新的研究

从政府公共科技金融角度研究的大量文献表明，公共科技金融补助是私人研发投资的重要补充，有助于刺激企业创新投资活动（Prescott，1998；Wang，2007；Hall and Maffioli，2012；Bloch and Graversen，2012）。Aerts 和 Schmidt（2008）还进一步地运用非参数方法对比否定了公共科技金融补助对私人研发投资的挤出效应，指出受补贴资助的企业研发参与度明显提高，验证了公共科技金融对高新技术企业的专利产出以及研发强度具有促进作用。

从市场科技金融供给的角度出发进行研究，众多学者包括Greenwood 和 Jovanovic（1990）、Calderón 和 Liu（2003）、B. Weber 和 C. Weber（2007）、Ang（2010）、Guariglia 和 Liu（2014）针对金融体系中的商业银行、资本市场、风险资本投资等不同供给的主体进行实证分析，都验证得出了科技金融支持科技创新的结论。而针对发达国家与新兴国家两个不同程度的供给系统进行测算，也说明了金融市场能够显著提高研发投资的有效性（Chowdhury and Maung，2012）。从金融市场自身的发展周期和过程入手，Nanda 和 Rhodes-Kropf（2013）研究得出快速发展而且开放的金融市场相对于发展平稳且相对保守的金融市场显然更能够促进科技创新。

从传统银行业作为科技金融支持的方式来看，银行通过其独有的信息处理能力对企业科技创新项目进程进行实时掌握，能根据科技创新项目在不同阶段对资金的不同需求程度来有效提供资金（Stulz and Williamson，2003）。但基于对固定投资现金流的敏感性分析（Benfratello et al.，2008），银行业的发展也提高了强融资依赖性部门、高技术部门以及小企业参与研发投资的可能性，并且这样的支持作用对高技术部门和小企业的作用更为明显（Canepa and Stoneman，2008）。

从股权融资作为科技金融支持方式的角度来看，通过比较股票市场发展处于不同水平的国家不难发现（Hsu et al.，2013），在股票市场发达程度更高的国家里，通过股票市场获得融资，能更好地促进高新技术行业进行技术创新。Allen和Gale（2002）则通过研究分析认为，股票市场与银行对高新技术行业进行科技创新发展是互补的关系。

从风险投资作为科技金融支持方式的角度来看，尽管它只是代替研发投资的一小部分，但它对企业科技进步与经济增长的作用非常关键（Vasilescu and Popa，2011）。特别是针对中国的样本数据，实证分析得出风险投资和银行贷款都会显著促进高新行业创新，但是风险投资的促进作用更显著。从银行贷款与风险融资的双重角度考虑，优质的金融资源是维持企业创新的重要保障（Neff，2012）。

以上的研究从公共科技金融、市场科技金融，以及各种科技金融的供给角度，都得出科技金融对科技创新有支持和互补作用。

二 对科技金融促进科技创新的作用存疑的研究

也有一些学者认为科技金融并不能显著推动科技创新，反而是科技创新带动着科技金融的发展。早期有学者认为传统金融体系通常不利于科技创新，其原因在于科技创新具有极大的不确定性和高风险性，以银行为主导的传统金融体系遵循稳健性原则，且不愿意承担这类高风险投资，因此高风险的创新企业很难获得银行的资金支持（Weinstein and Yafeh，1998；Morck and Nakamura，1999）。后续通过分析研发周期中的"资金缺口"问题，Predrag（2002）也确定，风险资本实际上难以有效地完全支撑企业的研发投资。

也有部分国外学者认为，科技金融与科技创新是相互协调发展的关系。Perez（2002）在其著作《技术革命与金融资本》中详细解释了金融资本与科技创新之间的关系，指出金融资本对科技创新的成果产生和传播具有关键作用，且技术创新对金融投资也具有影响。自动交易、高频交易等新技术的涌现，充分表明了金融市场的创新技术化发展，信息技术革新能够有力带动金融市场发展，并且通过考察英国零售银行业务的发展历程，发现其呈现分布式创新的特点，证明了科技进步对银行业务的发展变革起到了至关重要的作用（Schinckus，2008；Consoli，2005）。而金融部门改革特别是一系列金融自由化政策的实施，与企业创新活动产生的较高知识创造率有极为密切的关系（Popov and Roosenboom，2012）。

但是不发达的资本市场及环境会迫使企业选择专业化较低的生产技术；如若企业的创新研发活动的活跃程度下降，必然影响其对外吸纳的融资数额，这也将在一定程度上限制金融市场的发展（Saint-Paul，1992；Sasidharan et al. ，2015），反向证明科技金融与科技创新的相互抑制作用也是存在的。

以上研究已经涉及科技创新中的项目风险与科技金融产生的问题和制约，但是以上研究都是基于实证分析，限制性和针对性较强且未能将该类问题做普适性分析及关联性研究。

三　通过细分测度科技金融对科技创新贡献的研究

基于科技金融支持科技创新活动的假设，大部分学者开始关注区域、行业、企业、政策等不同因素对这种作用力的影响。学界通常认为，不同地区的企业科技创新活动存在很大差异，位于强大产业集群或地区的企业往往具有更强的科技创新能力（Autio，1998；Humphrey and Schmitz，2002；Pietrobelli and Rabellotti，2004）。在此基础上，Hsu等（2013）指出，不同地理区域的金融体系和技术部门发展相差较大，因此科技金融对科技创新的作用效果要具体分析，因地制宜。

从不同地区角度出发，George 和 Prabhu（2003）认为，对于新兴经济地区而言，金融机构能够更加高效地筹措资金并投入科技创新领域。而通过比较不同国家经济体得出，科技创新的投资中具有融资约束，且不同的国家经济体中，资金对企业研发投资的影响也存在差异（Bond et al.，2005）。对高新技术企业来说，只有通过不断的技术创新才能更快地成长，但是由于科技金融创新在不同区域中受经济发展的影响具有多阶段的复杂特征，所以需要引入 DEA 模型来进行分地区的效率测算。

对 DEA 模型的研究主要包括，Kao 和 Hwang（2008）构建的两阶段 DEA 模型，可以同时测度整个系统的效率和子系统的效率，且测度整个系统效率时，同时考虑子系统对整个系统的影响。通过构建衡量创新绩效的特别指标体系，选择经合组织（OECD）内的 30个国家，Hwang 等（2016）运用 DEA 方法对各国的创新效率进行测度，也分析了外部经济环境对科技创新的影响。Hartmann（2003）和 Timmer（2003）则是通过 DEA 模型运用投入—产出方法分别对韩国和美国的高新技术行业进行了效率测度与相关分析。

对指标体系和影响因子分析的研究，一种认为区域创新体系是具有创新环境、要素、单位、结构和功能的综合互动系统。通过构建创新投入规模和产出规模、创新环境转型、创新内部运作以及创新外部效应五个方面对区域创新体系规模和质量的最终指标体系进行实证研究，得出不同区域在创新规模和质量方面存在较大差异（Liu and Chen，2003）。而构建基于专利的衡量企业科技创新产出的指标体系，以分析企业在进行科技创新过程中造成的知识外部性对区域经济增长的影响（Acs et al.，2002）也较为常见。另一种是基于各个国家股票市场活跃程度对高新技术企业的科技创新的影响因素进行实证分析，也得出该影响因子有正向促进作用的论述（Ayyagari et al., 2007)。

从行业异质性或企业发展周期及规模等方面来看，大部分研究表明高技术行业和小微企业对科技金融支持的依赖性更为明显（Benfratello et al., 2008；Canepa and Stoneman，2008）。通过构建一个同时包含市场和技术推动的双重机制模型来跟踪分析生物技术行业科技创新的过程，可知行业创新发展能使金融机构获得更高的收益（Khilji et al., 2006）。

如果通过研究金融发展水平对企业规模的影响，可以得到金融发展水平与企业规模呈显著正相关（Beck et al., 2005），即金融发展水平越高，越能促进企业更有效地利用研发资源。但是对不同所有制企业的现金流与其创新活动之间的相关性的研究表明：企业融资规模限制了其内部可用资金，从而在很大程度上影响了未上市企业的技术创新（Guariglia and Liu，2014）。

此外，根据20世纪80年代至90年代美国各州银行的交错放松管制研究发现，银行放松管制有利于提高企业科技创新活动的数量与质量（Amore et al., 2013），特别是高度依赖外部资本发展的企业，并且金融资本会随着企业生命周期同步进入或退出科技创新领域（Perez，2002）。

以上文献从不同区域、不同行业、不同企业、不同规模、不同生命周期等各类角度，分析科技金融对科技创新活动的影响以及相关性，但是对两者间由于发展产生的协同效应以及两者间持续变化的趋势缺乏考量。

第二节 国内研究现状

国内学者对科技金融支持科技创新的研究起步相对稍晚，初期的研究大部分是基于对科技金融概念的研究以及以金融手段支持科技创新的传导框架的研究。而在 2012 年以后国内科技金融体系的发展非常迅速且科技创新水平提升明显，国内学者开始基于国内实际情况，大部分是基于各种视角利用不同年份的数据并利用同数据相适应的分析方法，对全国层面或部分区域层面或单个省市的科技金融对科技创新的作用关系进行了理论分析和经验研究。

近年来，国内的研究文献及其领域大致可以分为四个范畴。

第一个研究方向是梳理科技金融对科技创新作用的判定研究。其中包括两个主要的研究内容：科技金融对科技创新有显著的正向作用研究和科技金融对科技创新的作用不显著的研究。

第二个研究方向是对科技金融对科技创新作用的比较研究。其中主要包括地区科技金融创新绩效的测算比较研究和科技金融对科技创新作用的分解比较研究这两个研究主线。

第三个研究方向是基于行业或企业层面科技金融对科技创新的作用研究，从不同的切入点探索了作用及优化路径。

第四个研究方向是基于其他层面、视角或方法对科技金融对科技创新作用的研究，其得到的结论和提出的建议也具有较大的指导意义。

一 科技金融对科技创新作用的判定研究

1. 科技金融对科技创新有显著的正向作用的研究：基于计量经济分析

大多数研究者认为科技金融的发展对科技创新有着明显的正向影响，尽管各自研究中强调的内部作用机理并不相同。

近年来较有代表性的成果如下所示。

首先，利用门槛计量模型验证经济发展水平因素的影响，直接将经济发展水平高低设为科技金融支持科技创新的门槛，或是假设科技金融与科技创新存在非线性关系，都能通过实证分析验证我国各地区科技金融对科技创新的影响存在双重门槛效应。但是郑磊和张伟科（2018）通过数据分析得出地方经济发展水平的门槛效应比较显著，而李晓荣（2018）仅从公共（政府）科技金融角度分析却得出门槛效应会随经济发展水平的提高而减弱。

其次，引入空间影响因素，在建立指标体系的过程中引入区域科技创新空间依赖性，不仅使用时间连续的数据，而且对科技金融和科技创新使用带有空间地理权重和空间经济权重的空间计量模型进行实证分析，不仅能验证科技金融对科技创新的促进作用，也证明了地理距离特征和经济距离特征这两个重要的因素对科技创新的影响（杜江等，2017）。另一类是通过将空间权重纳入计量模型中来验证公共科技金融是否对高技术工业企业有显著的促进作用，以及揭示该作用是通过"技术进步"还是通过"效率改善"来实现的。还有通过 SAR 及 SEM 空间计量模型分析我国各个地区科技金融体系对利用 Malmquist 指数来标识的全要素生产率的影响和提升途径。但是不同角度的研究却得出提升作用的实现方式并不一致，有些提升是基于"效率改善"，有些则是基于"技术进步"（白俊红、王林东，2016；张腾、刘阳，2019）。

最后，从科技创新发展的过程来分析，将其划分为"研发—成果转化—产业化"三个阶段来构建指标体系，对应科技金融支持的证券市场融资、银行中长期信贷等方式。和瑞亚和张玉喜（2014）采用向量自回归（VAR）模型对科技创新不同阶段的动态贡献进行实证检验，分析不同阶段的作用影响以及作用的滞后性。

以上这些研究的重心和关键是基于可信的内部作用机理，构建科学的指标体系，建立合适的计量经济模型。学者采用不同年份的数据，运用与其数据特点相适应的计量经济分析方法分析后均得出科技金融对科技创新有显著的促进作用，但从另一方面看，科技金融发展及其对科技创新作用的影响因素及路径不一。

2. 科技金融对科技创新的作用不显著的研究：基于系统协同度测算

许多学者基于协同学理论的复合系统协同思想，对科技金融与科技创新的系统协同度进行测算后，得出科技金融的发展对科技创新的正向作用并不显著的结论。

近年来较有代表性的研究成果如下所示。

首先是直接通过构建类似的指标体系，建立耦合协调度模型进行分析，测算区域科技金融与科技创新耦合协调度，揭示科技金融发展滞后性或科技金融与科技创新共损的情况（徐玉莲等，2011；王明英，2017）。或以制度经济学为基础重新定义科技金融制度（表现为对科技创新的侧重），从而构建指标体系，建立复合系统协同度模型对科技金融制度和科技创新之间的相互作用进行测度（潘娟、张玉喜，2018a）。

后续部分研究逐步深化为：基于科技创新发展过程中"研发—成果转化—产业化"三个阶段构建指标体系，建立科技金融与科技创新子系统有序度模型和复合系统协同度模型进行检验测算。或是通过结合属性层次法与熵值法建立复合系统协同（耦合）度模型，测度科技金融与科技创新的协同发展机制、情况以及是否有显著的正向/反向作用（王宏起、徐玉莲，2012；朱艳娜等，2017）。

也有部分研究是通过聚焦不同区域的复合系统协同（耦合）度模型，以静态分析科技金融发展与科技创新水平协同效应以及区域差异性，同时动态跟踪由子系统不断发展导致的协同效应的变化趋势（金天奇，2017；张立新等，2018）。还有针对国家重点发展的粤港澳大湾区，研究其跨域的复杂金融背景下协同发展的趋势与互补性（李合龙等，2021）。

另一种研究方向是从不同的关注点出发，将复合系统中包含的科技金融和科技创新两个子系统再拆分，或将关注的其他影响要素列为第三个子系统，并纳入复合系统。一类是将金融创新拆分出来与科技创新和科技金融并列成为一个有三个子系统的复合系统协同度模型；一类是将关注点放在内部经济关系，将区域经济作为第三个关联的子系统；一类是强调科技贸易发展的作用，将科技贸易作为第三个关联的子系统，后续则均是针对复合系统协同（耦合）度模型是否形成各子系统协同发展的良性动态机制做测度和对滞后发展性进行评估（郑慧、李雪慧，2015；霍远、朱陆露，2018；佟金萍等，2016）。

还有部分研究是在系统和协同理论的基础上引入空间统计模型，揭示科技金融和科技创新子系统协调度的地域差异性和空间分布特点（张芷若、谷国锋，2018）。同样是关注区域协同发展及关联性，也有学者是利用引力熵模型来剖析各个区域科技金融的"引力值"发展不均衡的状况和相互影响。

以上这类研究的重心和关键是基于系统协同学的理论来考察有特定关联的子系统及相关变量，构建科学的指标体系，选择有效的权重计算方法，建立合适的复合系统协同度模型。国内研究从科技金融与科技创新及其他子系统的复合系统，再到引入空间相关性等变量后对协同度进行测算评价，分析后普遍认为科技金融对科技创新发展的促进作用并不显著，我国尚未形成一个科技金融体系与科技创新需求相适应的协同发展机制。

二　科技金融对科技创新作用的比较研究

1. 地区科技金融创新绩效的测算比较研究：基于数据包络分析

数据包络分析（DEA）方法是一种典型的测算投入产出绩效相对关系的非参数方法。大部分学者将科技金融作为经济投入要素，将科技创新作为经济产出要素，利用数据包络分析方法对地区科技金融的创新绩效进行测算和比较分析。

近年来较有代表性的研究成果如下所示。

从科技金融在科技创新活动中发挥重要作用的假设逻辑出发，构建指标体系并使用数据包络分析方法，对区域科技金融投入的创新产出绩效进行分析。在后续细分研究中，可将不同单元的科技金融投入的科技创新产出相对率视为科技金融结合效率并构建指标体系，利用 DEA 方法测算各区域的科技金融结合效率，再进一步对科技金融结合效率的影响因素——财政科技支出、金融市场发展水平和科技创新环境等进行回归分析（潘娟、张玉喜，2018b；蒋俊贤，2017；贺永正等，2015）。也有学者通过加入 Malmquist 指数到 DEA 模型中再结合规模报酬可变模型进行分析，揭示科技金融结合效率以及区域不均衡性（邓雪等，2020）。

而基于创新价值链的原理，可以先划分科研及产品两个创新子系统并共享投入，再使用 DEA 模型对创新效率做预测，验证区域创新效率的水平，且能对产品创新与科研创新的效率做比较分析（陈倩倩等，2019）。

此类研究的重心和关键是如何对数据包络分析方法中的效率分解做出恰当的解释，以及如何选择合适的基础分析模型和扩展分析模型。这些学者分析得到的主要结论包括两点。第一，从逐年发展趋势上看，全国及各地区科技金融的创新绩效不断改善；第二，从地区差异上看，地区科技金融的创新绩效表现出较强的区域不平衡和两极分化。

2. 科技金融对科技创新作用的分解比较研究：基于面板数据分析

有学者认为科技金融在科技创新活动中发挥了重要作用并以此为前提假设，分析了这一作用中可能存在的异质性因素。

近年来较有代表性的研究如下所示。

立足于科技创新的研发、成果转化和产业化三个阶段以及科技金融的多投入渠道，构建指标体系，使用平稳性检验、协整检验、静态面板数据分析和动态面板数据分析技术，从科技资本投入类型和创新产出阶段上对科技金融支持科技创新的作用效果进行分解研究，以及研究不同来源的科技金融对不同阶段的科技创新的作用差异（高慧清，2017；张玉喜、赵丽丽，2015；芦锋、韩尚容，2015）。有学者通过分析，认为在研发阶段，市场科技金融有显著促进作用，但政府科技资金投入占政府财政支出的比重这一指标有负向作用。总体上，科技金融对科技创新没有起到令人满意的支持作用。

也有学者使用简化的指标体系，建立以直接、间接和政府科技金融为自变量，以科技创新产出为因变量的回归方程，为各变量选择合适的指标体系，利用面板数据进行计量检验后对科技金融与科技创新的相关关系做出综合评价（曹文芳，2018），同时将科技金融的系统影响因子逐渐扩展到市场化的股权投资领域（胡海云，2020）。

此类研究的重心和关键是以适当的出发点对科技金融支持科技创新的作用进行异质性分解，平稳性检验、协整检验以及面板数据分析技术是常用的技术方法。综合来看，这些学者多数认为科技金融在不同渠道、环节和条件下对科技创新的促进作用是有较大差异的，因而各地区的不同创新阶段应当具体分析，不同的科技金融投入渠道也应当差异化推进。

大部分研究人员会从资金来源上区分政府财政科技投入、企业自有资金投入和社会资本投入，但从近期科技金融的发展情况来看，政府科技投入与社会资本投入已经出现了引导融合的态势，比如市场化的母基金和天使引导基金等。对社会资本的投入多采用一级市场投资数据而忽略了更大的二级市场投入，金融行业持续深化改革的示范效应及科技金融政策的影响力尚未被纳入研究的影响因素中。

三　科技金融对科技创新作用的行业或企业层面研究

也有少数学者利用行业或企业层面数据考察了科技金融对行业

或企业科技创新的作用问题。

以小微企业为切入点，从企业生命周期的视角，针对周期中对科技金融的需求及匹配度来分析科技金融在整个生命周期中作为影响因子的重要性，以及与企业市场占有率的关联性。在生产率的视角下，基于新三板——一个典型的全国中小企业超大样本群能验证科技金融政策引导初创期的企业加大创新研发投入后，对生产效率的影响（闫磊等，2016；孔一超、周丹，2020）。

以中、大型企业为切入点，从市场科技金融（股权类）的视角（翟华云、方芳，2014），对国家节能环保、新一代信息技术、生物、高端装备制造、新能源、新材料和新能源汽车等战略性新兴行业数据进行分析，可知企业研发投入、科技金融发展水平仍会对科技创新产生明显的作用。

以行业分析为切入点，利用生产函数，分析通过优化资源配置的直接影响和促进技术创新的间接影响引导制造行业结构合理化、高级化的双重作用，以及借助互联网行业的发展趋势分析，再次定义"科技金融价值链"后，验证了借助新技术大力发展科技金融来助推地区科技创新发展的可行性，并且也为政府和监管部门提出转变思路的建议。但是也有采用非平衡面板数据分析技术的研究，发现政府、企业和金融市场作为不同的研发投入来源，对各行业创新产出的影响不仅有积极作用也会有部分抑制作用（丁日佳、刘瑞凝，2020；汪恒、汪琳，2018；曹金飞、李芸达，2020）。

总的来说，单独针对一家企业或单个行业层面的研究较少，但是其研究成果为科技金融支持新兴产业发展及传统行业升级的科技创新行为和路径提供了较好的建议。

四 少数基于其他视角或方法的研究

基于科技金融中的公共科技金融、市场科技金融两种支持方式，由面板数据随机前沿分析可知，其中的科技资本市场筹资额占商业银行科技信贷总额的比重这一金融结构分量与科技创新效率呈显著正相关，而其他结构分量与科技创新效率的相关性不明显（赵文洋等，2017）。

而根据区域科技金融与科技创新系统具有自组织特性，建立系统协同演化模型，能识别科技创新产出能力变量是起主导作用的序参量，而市场科技金融变量在系统中的作用大于政府公共科技金融变量（徐玉莲等，2017）。而从科技金融和科技创新存在双向互动的内生机制出发，进行以因果检验为导向的各种检验，以证明市场科技金融和公共科技金融能够显著促进科技创新产出，以及协调发展趋势（戚湧、郭逸，2018；张立新等，2018）。从传统产业向战略性新兴产业升级的角度，对国内新旧两种产业数据进行子系统耦合度实证分析以达到初级协调状态，发现科技金融从公共及市场科技金融两个方向上对子系统的耦合度都起到了显著作用（王卉彤等，2014）。

同时以经济关系较为密切的长江经济带为例，运用 AHP-Topsis 评价方法考察金融与科技相融合促进科技创新的能力，证实长江经济带下游地区科技金融发展竞争力（包括科技金融资源能力、公共科技金融、市场科技金融、科技金融效果）领先于中上游地区。

一个值得明确的文献结论是：无论是从黄俊和孙武斌（2017）的省际排名上看，还是从戚湧和郭逸（2018）的检验结果上看，作为经济发达省份的江苏省的情况相对乐观。一方面，江苏省的科技金融发展水平位列第一并且遥遥领先于位列第二、第三的上海和浙江；另一方面，江苏省的公共科技金融能够显著促进科技创新产出的增加。

从绿色金融的现状和发展角度来看，科技金融和消费金融对促进传统金融市场信息传导及供求格局的协力作用，为后续国内产业及经济结构全面升级提供了长期稳定的动力（刘文文、张畅，2020）。

从政策引导角度来看，邹克和倪青山（2019）是分两个阶段来具体分析公共科技金融对"创新驱动发展"的间接效应，从公共科技金融产生的互补和替代两种效应来分析其对科技创新发展的作用，以及在创新发展的两个不同阶段两种效益间相互转化的情况。

从法制视角切入，以区块链等技术为切入点，探讨"去中心化"的信息共享技术作用于传统金融行业所产生的影响以及导致的风险；科技金融的不断发展会导致与其相对应的法律法规和行业规则也有范式转移的强烈需求（陆璐，2020）。

部分研究人员从各种视角和不同的角度，结合实际情况对科技金融支持科技创新的情况做出分析，在分析其作用和效率的同时也分析了目前遇到的各种问题和风险，并给出了对应的建议。

第三节　研究现状综述

科技与金融的有效融合带来了金融科技和科技金融的蓬勃发展。金融科技落脚点在科技，而科技金融落脚点在金融，两者截然不同。本书关注的是科技金融而非金融科技。当前，金融科技主要通过运用大数据等技术手段筛选优质科技创新型企业、构建科技金融风险控制机制，运用人工智能简化金融服务过程，运用区块链技术增强对科技产业供给端的各个节点的控制以及利用智能合约灵活定价，从而推动科技金融的发展（陆岷峰，2020）。科技金融则是指服务于科技型企业创新的金融活动，为科技创新创造资金条件（赵睿等，2021），科技创新带来的技术产出反过来又会促进科技金融的发展（罗文波、陶媛婷，2020）。不过，中国科技金融效率尚未形成稳定增长的趋势（易明等，2019）。

当前的研究基本已经达成如下共识。科技型企业既是科技金融的需求方，又是金融科技的供应方（孙雪娇、朱漪帆，2019）。科技型企业的创新研发活动可为科技金融创新体系带来效益，一方面为金融服务体系带来回报，另一方面所研发的新技术可以进一步完善金融服务体系，最终促进金融科技的发展。科技金融使得资本可以更多地流向科技创新型企业或研发机构，从而有效缓解它们面临的资源约束问题，提高行业及地区的科技创新发展水平（马凌远、李晓敏，2019）。除了科技创新型企业之外，针对工业制造业部门，企业科技信贷能促进制造业创新效率的提升（郭燕青、李海铭，2019）。可以通过效率改善路径推动工业企业全要素生产率的提高（张腾、刘阳，2019）。

近三年国内许多学者对我国各地区的科技发展水平进行了评估（谷慎、汪淑娟，2018；张腾、刘阳，2019），并指出我国科技金融发展水平总体偏低且进步缓慢，加大科技金融投入对区域经济发展或高技术产业区域创新效率提高有正向促进作用（张芷若、谷国锋，2018），其中笔者也针对企业自主创新投入是提高创新效率的关键因素做了研究。但是科技金融对产业结构调整的作用在东部地区较为显著，在中西部地区并不明显（冯永琦、邱晶晶，2021）。虽然科技金融发展水平与科技金融环境高度相关，但在科技金融生态环境恶劣的地区，政府补贴对企业研发投资的促进作用更大（郭景先等，2019）。

还有许多学者对科技金融与经济发展质量的关系进行了探究。谷慎和汪淑娟（2018）探讨了科技金融对"创新、协调、绿色、开放、共享"五个维度经济高质量发展的影响，发现其对创新发展的促进作用最显著，其后依次是共享、绿色、协调和开放发展。刘传哲和管方圆（2019）发现，科技金融与高质量发展呈"U"形关系，并且随着政府科技投入的增加，科技金融与高质量发展指数呈"N"形关系。从科技金融区域优势上看，一方面，北京、江苏、广东、浙江、上海5个省市的科技金融综合指数远远高于其他省份（杨建辉等，2020）；另一方面，科技金融优势地区可促进周边地区协同发展（王海芸、刘杨，2019）。以科技金融为试点的政策对地区经济增长的促进效果显著，主要通过提升地区科技创新水平和推动产业结构合理化带动地区经济增长（徐越倩等，2021），且越是金融发达的城市，科技金融试点越能显著提高城市全要素生产率（冯锐等，2021）。

目前，科技金融与科技创新之间的相互作用仍是重要研究领域。鉴于科技金融与科技创新之间存在良性互动不足（常亮、罗剑朝，2019；韩景旺、陈小荣，2020）以及我国科技创新的发展仍以公共科技金融为主导的现实（邹克、倪青山，2019；揭红兰，2020；张婕等，2021），降低信息不对称、提高信用评价效果、推动公共科技金融的信号诱导和杠杆作用以及增加市场需求拉动的科技金融是当前阶段值得重点推进的工作（韩鹏，2019）。

近年来大量学者的研究成果整体上反映了当前我国学界探索科技金融支持科技创新作用的迫切性和强烈的社会需求，也反映出科技金融对科技创新的支持作用具有可分解的渠道异质性、阶段差异性、发展局限性、区域间和区域内不平衡性等特点。一方面，我国经济发展尤其是科技金融与科技创新发展日新月异，使得这些特点都值得进一步深入研究；另一方面，现有研究绝大部分是针对科技金融对企业创新的必要性得出了较为一致的结论，但是仍需在以下三个方面予以加强或尝试。

首先，现有研究中基于机制分析（实证分析）的数量刻画较多，鲜有基于数理刻画的机制分析。对实证分析中相关指标体系的定义比较严格且影响因子限制较多，对科技金融对科技创新支持的内部逻辑并没有完善的论述。

其次，现有研究多基于给定的外部制度环境分析科技金融对科技创新的支持作用及效果，但实际情况中外部环境的变化是非常巨大的，考察外部制度或政策变迁给支持作用带来的提升或抑制效果也是必需的。例如，知识产权保护制度或高新技术产业扶持政策可能给支持作用带来新的激励或抑制效应。

最后，任何金融资源配置过程都可能包含资产泡沫问题，针对目前国内金融市场深化改革的大背景，现有研究对科技金融支持科技创新可能带来的科技资产泡沫问题关注不足。

第三章　科技创新基本模型分析

本章和下一章从理论上回答了科技金融支持科技创新的必要性及作用机制问题。为此，分两步走，本章是第一步。首先，建立基本模型——它是一个不考虑科技金融支持的科技创新模型，模型中的企业为达到科技创新的目的需要在不同类型的研发项目上分配自有的研发资源。然后，通过求解基本模型的市场均衡，解答"企业自发的科技创新决策的偏向性"问题。接着，通过求解最大化社会福利，回答"决策层的最优决策是怎样的"问题。本章利用基本模型求得的企业自发决策和决策层的最优决策是从理论上回答"为什么需要科技金融支持科技创新"问题的分析基础。

奠定了分析基础之后，本章应用基本模型来分析企业在面对不同风险程度的研发项目时所做的科技创新决策。然后，通过比较企业在面对不同风险程度的研发项目时所做的科技创新决策和决策层的最优决策之间的差异，说明企业的自发决策具有改进的可能。也就是说，作为回答"为什么需要科技金融支持科技创新"问题的第一步，本章意图应用基本模型说明在市场均衡下企业自发的科技创新决策是厌恶风险的，与决策层的最优决策相比，这导致企业在高风险研发项目上的投入不足，也就意味着市场本身无法达成使社会福利水平最大化的结果。而且，通过应用基本模型，本章还能说明在完全竞争的科技创新市场上，企业之间存在由专利申请负外部性引起的恶性竞争。这也意味着市场本身无法达到使社会福利水平最大化的结果。

第二步是对基本模型的扩展分析。首先，通过在基本模型中引入科技金融支持，建立包含科技金融支持的科技创新扩展模型。然后，对扩展模型加以分析，说明科技金融支持科技创新能够提高社会福利水平，即科技金融支持能够使企业的自发决策趋近于最大化社会福利水平的结果。

通过本章和下一章的理论分析，不仅可以得到"科技金融能够支持科技创新、提高社会福利水平"的结论，而且还能揭示"科技金融支持科技创新、提高社会福利水平"的内在机制。这样就从两个层面上完整地回答了"为什么需要科技金融支持科技创新"问题。

第一节　基本模型的设定

假定某个产业中有 n 家完全相同的企业，为达到科技创新的目的而投入大量研发资源开展创新研发。假定每家企业都在研发上投入 d 个单位的研发资源以满足实验室建设等固定投资需要。企业可以将它的研发资源投放到两种类型——Ⅰ型和Ⅱ型的研发项目上去。记第 i 家企业在Ⅰ型研发项目上投入的研发资源为 x_i，那么它在Ⅱ型研发项目上投入的研发资源为 $d-x_i$，此处自然而然地要求企业的研发投入 x_i 必须满足 $x_i \leqslant d$。

企业在每个类型的研发项目上都有可能取得科技创新成功，但也有可能遭受科技创新失败。记第 i 家企业在Ⅰ型研发项目上取得科技创新成功的概率为 $p(x_i)$，遭受科技创新失败的概率为 $1-p(x_i)$；在Ⅱ型研发项目上取得科技创新成功的概率为 $q(d-x_i)$，遭受科技创新失败的概率为 $1-q(d-x_i)$。此处，函数 $p(x)$ 和 $q(x)$ 是Ⅰ型和Ⅱ型研发项目在研发投入为 x 时取得科技创新成功的概率函数，它们都是研发投入 x 的严格递增函数和连续二阶可微函数，而且它们还满足 $p(0)=0$、$q(0)=0$ 和严格凹性条件。严格递增性质即是说 $p(x)$ 和 $q(x)$ 满足 $p'(x)>0$ 和 $q'(x)>0$。严格凹性条件即是说 $p(x)$ 和 $q(x)$ 满足 $p''(x)<0$ 和 $q''(x)<0$。函数 $p(x)$ 和 $q(x)$ 满足的这些性质和条件意味着如果没有研发投入，研发项目就没有取得科技创新成功的可能。随着研发投入的增加，研发项目取得科技创新成功的概率也增加，但增加的速度越来越慢。

此处模型引入的概率函数 $p(x)$ 和 $q(x)$ 本质上依赖研发项目的性质。例如，在同样的研发投入下，具有潜在的重大创新价值的基础型研发项目取得科技创新成功的概率往往较低，而具有明确的商业转化价值的应用型研发项目取得科技创新成功的概率往往较高。又如，在同样的研发投入下，当把科技创新目标设定为具有很大市场价值的颠覆式创新时，面临的失败风险往往是很大的，而当把科技创新目标设定为具有较小市场价值的渐进式创新时，面临的失败风险往往是较小的。因此，在模型中假设不同类型的研发项目具有不同的科技创新成功概率函数是合理的。

这 n 家企业在每个类型的研发项目上的科技创新都按照专利竞赛的方式展开，即按照赢者通吃的规则进行。一旦某家企业在某个类型的研发项目上取得科技创新成功，它就可以申请专利并得到完全的专利保护。因此，在模型中不存在专利保护不完全的情形，即市场上不存在产品模仿和专利侵权等情形。如果有不止一家企业在同一个类型的研发项目上取得科技创新成功，那么，简单起见，在模型中假设它们以均等的可能性获得专利授权。此时，被授予专利的企业得到完全的专利保护，没有被授予专利的企业无法得到专利保护，这意味着在同一个类型的研发项目上取得科技创新成功的企业越多，这些成功企业中的任意一家企业预期获得的科技创新收益越少。

模型中所有的企业都有完全相同的内外部条件，所以可以在模型的分析中只考虑所有企业做完全相同研发决策的对称均衡（x_*，n_*），其中 x_* 代表对称均衡下每家企业在 Ⅰ 型研发项目上投入的资源，n_* 代表对称均衡下市场上从事科技创新的企业数目。

第二节　单一类型研发项目的企业收益和社会福利

由于每家企业都将它的研发资源投放到 Ⅰ 型和 Ⅱ 型两种研发项目上去，所以按照逆向递归的分析思路，需要分别计算企业在两种类型的研发项目上分配研发资源后，能够从单一类型的研发项目上获得的科技创新收益，以及社会能够从单一类型的研发项目上获得的福利增值。这样才能为后续开展企业的研发投入决策分析和决策层的社会福利分析做好准备工作。

一　Ⅰ 型研发项目的企业收益

由于必然受到其他企业也可能在 Ⅰ 型研发项目上取得科技创新成功的影响，对第 i 家企业在 Ⅰ 型研发项目上取得科技创新成功并获得专利授权的概率逐步计算如下。假设第 i 家企业和另外的 l 家企业都在 Ⅰ 型研发项目上取得科技创新成功，那么，按照前述的简化方式，它们需要平分获得专利授权的可能性。

首先，存在另外 l 家企业和第 i 家企业共同在 Ⅰ 型研发项目上取得科技创新成功的概率为：

$$C_{n-1}^{l} p^{l} (1-p)^{n-1-l}$$

其中，p 是另外的某家企业也在 Ⅰ 型研发项目上取得科技创新成功的概率，$1-p$ 是另外的某家企业在 Ⅰ 型研发项目上遭受科技创新失败的概率。因为模型考虑的是所有 n 家企业的对称均衡，所以此处取得科技创新成功的概率 p 和遭受科技创新失败的概率 $1-p$ 对所有另外的 $n-1$ 家企业而言都是相同的。

其次，第 i 家企业和另外 l 家企业都在 Ⅰ 型研发项目上取得科技创新成功的概率为：

$$p(x_i) \times [C_{n-1}^l p^l (1-p)^{n-1-l}]$$

其中，$p(x_i)$ 是第 i 家企业在 Ⅰ 型研发项目上取得科技创新成功的概率。由于第 i 家企业在 Ⅰ 型研发项目上取得科技创新成功的概率依赖这家企业对 Ⅰ 型研发项目的研发投入 x_i，而 x_i 正是需要加以分析的第 i 家企业的研发投入决策，所以为了与另外的 $n-1$ 家企业区分开来，此处用 $p(x_i)$ 突出表现第 i 家企业在 Ⅰ 型研发项目上取得科技创新成功的概率依赖这家企业做出的研发投入决策 x_i。

此时，一共有 $l+1$ 家企业在 Ⅰ 型研发项目上取得科技创新成功，那么第 i 家企业在 Ⅰ 型研发项目上获得专利授权的概率为：

$$\frac{p(x_i) \times [C_{n-1}^l p^l (1-p)^{n-1-l}]}{l+1}$$

下面对每一个可能的 $l = 0, 1, \cdots, n-1$ 进行计算，再对所有可能的计算求和，即得第 i 家企业在 Ⅰ 型研发项目上取得科技创新成功并获得专利授权的概率为：

$$p(x_i) \left[\begin{array}{l} C_{n-1}^0 p^0 (1-p)^{n-1} + \dfrac{C_{n-1}^1 p^1 (1-p)^{n-2}}{2} + \cdots + \\[3mm] \dfrac{C_{n-1}^l p^l (1-p)^{n-1-l}}{l+1} + \cdots + \dfrac{C_{n-1}^{n-1} p^{n-1} (1-p)^0}{n} \end{array} \right]$$

$$= \frac{p(x_i)}{np} \left[\begin{array}{l} nC_{n-1}^0 p^1 (1-p)^{n-1} + \dfrac{nC_{n-1}^1 p^2 (1-p)^{n-2}}{2} + \cdots + \\[3mm] \dfrac{nC_{n-1}^l p^{l+1} (1-p)^{n-1-l}}{l+1} + \cdots + C_{n-1}^{n-1} p^n (1-p)^0 \end{array} \right]$$

$$= \frac{p(x_i)}{np} \left[\begin{array}{l} C_n^0 p^0 (1-p)^n + C_n^1 p^1 (1-p)^{n-1} + C_n^2 p^2 (1-p)^{n-2} + \cdots + \\ C_n^{l+1} p^{l+1} (1-p)^{n-1-l} + \cdots + C_n^n p^n (1-p)^0 - C_n^0 p^0 (1-p)^n \end{array} \right]$$

$$= \frac{p(x_i)}{np} \left[\sum_{l=0}^{n} C_n^l p^l (1-p)^{n-l} - p^0 (1-p)^n \right]$$

$$= \frac{p(x_i)}{np} [1 - (1-p)^n]$$

最后，第 i 家企业预期通过科技创新在 I 型研发项目上获得的净收益为：

$$\pi_{I,i} = \frac{p(x_i)}{np} [1 - (1-p)^n] V_I - x_i \qquad (3-1)$$

其中，V_I 表示 I 型研发项目取得科技创新成功后可以带来的科技创新价值。当第 i 家企业在 I 型研发项目上取得科技创新成功并获得专利授权后，科技创新价值 V_I 全部归第 i 家企业所有。相应地，研发投入 x_i 是第 i 家企业在 I 型研发项目上的投资成本。

二 I 型研发项目的社会福利

对社会福利而言，无论何种类型的研发项目，只要有一家企业取得科技创新成功，那么社会福利都会得到同样的提升，也就是说，社会福利的提升与否只取决于在一种研发项目上的科技创新成功与否，而并不依赖有多少家企业在这种研发项目上取得科技创新成功。

在对称均衡下，每家企业在 I 型研发项目上的投入成本都是 x，所有 n 家企业在 I 型研发项目上的投入成本是：

$$\sum_{j=1}^{n} x_j = nx$$

在对称均衡下，任意一家企业在 I 型研发项目上取得科技创新成功并获得专利授权的概率都与第 i 家企业相同。令 $p(x_i) = p$ 就可从前面的推算中算得此概率为：

$$\frac{p}{np}[1 - (1 - p)^n] = \frac{1 - (1 - p)^n}{n}$$

其中，$(1-p)^n$ 是所有 n 家企业都在 I 型研发项目上遭受科技创新失败的概率。那么，存在一家或一家以上企业取得科技创新成功的概率为：

$$n \times \frac{1 - (1 - p)^n}{n} = 1 - (1 - p)^n$$

所以，社会可以从 I 型研发项目上得到的社会福利是：

$$W_I = \{1 - [1 - p(x)]^n\}V_I - nx \qquad (3-2)$$

其中，$[1 - p(x)]^n$ 是在所有 n 家企业都在 I 型研发项目上投入 x 的研发资源时，全部企业都在 I 型研发项目上遭受科技创新失败的概率。由此可见，社会可以从 I 型研发项目上得到的社会福利既依赖每家企业在 I 型研发项目上投入的研发资源 x，又依赖产业内开展科技创新的企业数目。

三 II 型研发项目的企业收益

首先，计算第 i 家企业在 II 型研发项目上取得科技创新成功并获得专利授权的概率。假设第 i 家企业和另外 l 家企业都在 II 型研发项目上取得科技创新成功。那么，存在另外 l 家企业在 II 型研发项目上取得科技创新成功的概率为：

$$C_{n-1}^l q^l (1 - q)^{n-1-l}$$

其中，q 是另外的某家企业在 II 型研发项目上取得科技创新成功的概率，$1-q$ 是另外的某家企业在 II 型研发项目上遭受科技创新失败的概率。因为模型只分析所有企业做相同研发投入决策的对称均衡，所以此处某家企业在 II 型研发项目上取得科技创新成功的概率 q 和遭受科技创新失败的概率 $1-q$ 对所有另外的 $n-1$ 家企业而言是相同的。

其次，第 i 家企业和另外 l 家企业共同在 Ⅱ 型研发项目上取得科技创新成功的概率为：

$$q(d-x_i) \times \left[C_{n-1}^l q^l (1-q)^{n-1-l} \right]$$

其中，$q(d-x_i)$ 表示第 i 家企业在 Ⅱ 型研发项目上取得科技创新成功的概率，它依赖第 i 家企业对 Ⅱ 型研发项目的投入 $d-x_i$。为了与另外的 $n-1$ 家企业区分开来，此处用 $q(d-x_i)$ 突出表现第 i 家企业在 Ⅱ 型研发项目上取得科技创新成功的概率依赖这家企业在 Ⅱ 型研发项目上的研发投入 $d-x_i$。

此时，一共有 $l+1$ 家企业在 Ⅱ 型研发项目上取得科技创新成功。第 i 家企业在 Ⅱ 型研发项目上取得科技创新成功并获得专利授权的概率为：

$$\frac{q(d-x_i) \times \left[C_{n-1}^l q^l (1-q)^{n-1-l} \right]}{l+1}$$

对每一个可能的 $l = 0, 1, \cdots, n-1$ 进行计算，再对所有情况求和，可得第 i 家企业在 Ⅱ 型研发项目上取得科技创新成功并获得专利授权的概率为：

$$q(d-x_i) \left[\begin{array}{l} C_{n-1}^0 q^0 (1-q)^{n-1} + \dfrac{C_{n-1}^1 q^1 (1-q)^{n-2}}{2} + \cdots + \\[2mm] \dfrac{C_{n-1}^l q^l (1-q)^{n-1-l}}{l+1} + \cdots + \dfrac{C_{n-1}^{n-1} q^{n-1} (1-q)^0}{n} \end{array} \right]$$

$$= \frac{q(d-x_i)}{nq} \left[\begin{array}{l} n C_{n-1}^0 q^1 (1-q)^{n-1} + \dfrac{n C_{n-1}^1 q^2 (1-q)^{n-2}}{2} + \cdots + \\[2mm] \dfrac{n C_{n-1}^l q^{l+1} (1-q)^{n-1-l}}{l+1} + \cdots + C_{n-1}^{n-1} q^n (1-q)^0 \end{array} \right]$$

$$= \frac{q(d-x_i)}{nq} \left[\begin{array}{l} C_n^0 q^0 (1-q)^n + C_n^1 q^1 (1-q)^{n-1} + C_n^2 q^2 (1-q)^{n-2} + \cdots + \\[2mm] C_n^{l+1} q^{l+1} (1-q)^{n-1-l} + \cdots + C_n^n q^n (1-q)^0 - C_n^0 q^0 (1-q)^n \end{array} \right]$$

$$= \frac{q(d - x_i)}{nq}\left[\sum_{l=0}^{n} C_n^l q^l (1 - q)^{n-l} - q^0 (1 - q)^n \right]$$

$$= \frac{q(d - x_i)}{nq}\left[1 - (1 - q)^n \right]$$

最后，第 i 家企业预期通过科技创新在 II 型研发项目上获得的净收益为：

$$\pi_{\text{II},i} = \frac{q(d - x_i)}{nq}\left[1 - (1 - q)^n \right] V_{\text{II}} - (d - x_i) \qquad (3 - 3)$$

其中，V_{II} 表示 II 型研发项目取得科技创新成功后可以带来的科技创新收益。当第 i 家企业在 II 型研发项目上取得科技创新成功并获得专利授权后，科技创新收益 V_{II} 全部归第 i 家企业所有，而研发投入 $d - x_i$ 则是第 i 家企业在 II 型研发项目上的投资成本。

四 II 型研发项目的社会福利

在对称均衡下，每家企业在 II 型研发项目上的投入成本都为 $d - x$，所有 n 家企业在 II 型研发项目上的投入成本为：

$$\sum_{j=1}^{n} (d - x_j) = n(d - x)$$

在对称均衡下，任意一家企业在 II 型研发项目上取得科技创新成功并获得专利授权的概率都与第 i 家企业相同，这一概率是：

$$\frac{q}{nq}\left[1 - (1 - q)^n \right] = \frac{1 - (1 - q)^n}{n}$$

其中，$(1 - q)^n$ 是所有 n 家企业都在 II 型研发项目上遭受科技创新失败的概率。那么，存在一家或超过一家企业取得科技创新成功的概率为：

$$n \times \frac{1 - (1 - q)^n}{n} = 1 - (1 - q)^n$$

所以，社会可以从 II 型研发项目上得到的社会福利是：

$$W_{\text{II}} = \{1 - [1 - q(d - x)]^n\}V_{\text{II}} - n(d - x) \qquad (3-4)$$

其中，$[1 - q (d - x)]^n$ 是在所有 n 家企业都在 II 型研发项目上投入 $d - x$ 的研发资源时，全部企业都在 II 型研发项目上遭受科技创新失败的概率。由此可见，社会可以从 II 型研发项目上得到的社会福利既依赖每家企业在 II 型研发项目上投入的研发资源 $d - x$，又依赖产业内从事科技创新的企业数目。

第三节　企业的最大收益决策和市场均衡的存在唯一性

在均衡状态下，产业中的企业数目和每家企业的研发资源分配共同决定该产业的科技创新整体水平和社会福利水平。也就是说，产业的科技创新水平和社会福利水平由市场上的企业数目和每家企业在两种类型的研发项目上的资源投放共同决定。

根据上文式（3-1）和式（3-3），在对称均衡下，第 i 家企业预期在两种类型的研发项目上获得的总净收益为：

$$
\begin{aligned}
\pi_i &= \pi_{\text{I},i} + \pi_{\text{II},i} \\
&= \frac{p(x_i)}{np}[1 - (1 - p)^n]V_{\text{I}} + \frac{q(d - x_i)}{nq}[1 - (1 - q)^n]V_{\text{II}} - d
\end{aligned}
\qquad (3-5)
$$

其中，x_i 是第 i 家企业在给定两种类型研发项目上的总投入资源为 d 后最大化 π_i 时需要决策的变量。

下面，从两个方面分析企业在均衡状态下的决策行为，一方面是企业在两种类型的研发项目上的研发投入决策行为，另一方面是企业选择进入或退出市场的进入退出决策行为。

一　企业的研发投入决策

在对称均衡下，第 i 家企业选择的研发投入应使其收益 π_i 达到最大值，记此研发投入为 $x_{i,*}$，即：

$$x_{i,*} \equiv \max_{x_i} \pi_i$$

那么，企业的研发投入决策 $x_{i,*}$ 需要满足一阶条件：

$$\left.\frac{\partial \pi_i}{\partial x_i}\right|_{x_i = x_{i,*}} = \frac{p'(x_{i,*})}{np}[1 - (1-p)^n]V_I - \frac{q'(d - x_{i,*})}{nq}[1 - (1-q)^n]V_{II} = 0$$

$$(3-6)$$

该一阶条件的经济学含义是，在给定其他所有 $n-1$ 家企业的研发投入决策不变的前提下，第 i 家企业对 I 型研发项目每多做一个单位的投资所带来的收益增加值 $\dfrac{p'(x_{i,*})}{np}[1 - (1-p)^n]V_I$ 应等于这家企业对 II 型研发项目少做一个单位的投资所遭受的收益减少值 $\dfrac{q'(d - x_{i,*})}{nq}[1 - (1-q)^n]V_{II}$。

事实上，利用下面的单调性推论就能保证对称均衡 $x_{i,*}$ 存在而且一定是唯一的。

推论：$\dfrac{\partial \pi_i}{\partial x_i}$ 是关于第 i 家企业在 I 型研发项目上的研发投入 x_i 的单调递减函数，而且 $\dfrac{\partial \pi_i}{\partial x_i}$ 也是关于所有 n 家企业在 I 型研发项目上的研发投入 x 的单调递减函数。

证明：首先，在给定其他 $n-1$ 家企业在 I 型研发项目上的研发投入决策不变的前提下，利用一阶条件，对 $\dfrac{\partial \pi_i}{\partial x_i}$ 关于第 i 家企业在 I 型研发项目上的研发投入 x_i 求导得到：

$$\frac{p''(x_i)}{np}[1 - (1-p)^n]V_I + \frac{q''(d - x_i)}{nq}[1 - (1-q)^n]V_{II} < 0$$

其中，因为 $p(x)$ 和 $q(x)$ 是凹函数，所以 $p''(x) < 0$、

$q''(d-x)<0$。

接着，在所有 n 家企业在 I 型研发项目上的研发投入决策相同且同时变动的条件下，仍利用一阶条件，对 $\dfrac{\partial \pi_i}{\partial x_i}$ 关于所有 n 家企业在 I 型研发项目上的研发投入 x 求导得到：

$$\frac{p''[1-(1-p)^n]p+(p')^2 n(1-p)^{n-1}p-(p')^2[1-(1-p)^n]}{np^2}V_{\mathrm{I}}-$$

$$-\frac{q''[1-(1-q)^n]q-(q')^2 n(1-q)^{n-1}q+(q')^2[1-(1-q)^n]}{nq^2}V_{\mathrm{II}}<0$$

其中，根据二项式定理，$n(1-p)^{n-1}p=C_n^1(1-p)^{n-1}p\leqslant 1-C_n^0(1-p)^n=1-(1-p)^n$（此式等号只在 $n=1$ 时成立），又根据 $p(x)$ 的凹性，$p''(x)<0$，所以 V_{I} 前的系数为负。同样根据二项式定理，$n(1-q)^{n-1}q=C_n^1(1-q)^{n-1}q\leqslant 1-C_n^0(1-q)^n=1-(1-q)^n$（此式等号只在 $n=1$ 时成立），又根据 $q(x)$ 的凹性，$q''(d-x)<0$，所以 V_{II} 前的系数也为负。这样就证明了该推论。

推论 1：当产业内企业的数目给定时（例如 $n=n_*$），满足对称均衡条件的企业研发投入决策 x_* 存在且唯一。

证明：利用本节前述推论可直接证明推论 1。

二　企业的进入退出决策

对单家企业而言，科技创新成功所能带来的收益受企业数目的影响：企业数目越多，单家企业能通过科技创新得到专利授权的可能性就越低，获得的科技创新总净收益也就越少。

推论：在给定 d 和 x_i 时，n 越大，π_i 越小。

证明：因为式（3-5）中与 n 有关的只有 $[1-(1-p)^n]/n$ 和 $[1-(1-q)^n]/n$ 两项因子，所以只需要证明形如 $f(n)=(1-a^n)/n$ 的函数关于 n 单调递减即可，其中 a 是小于 1 的常数。

对 $f(n)$ 求导得：

$$f'(n) = \frac{-a^n n \ln a - 1 + a^n}{n^2}$$

首先，当 $n \to 0$ 时，$f'(n)$ 的分子的取值收敛到零。其次，当 $n > 0$ 时，$f'(n)$ 的分子关于 n 的导数为：

$$(-a^n n \ln a - 1 + a^n)' = -a^n n (\ln a)^2 - a^n \ln a + a^n \ln a$$
$$= -a^n n (\ln a)^2$$
$$< 0$$

也就是说，当 $n > 0$ 时，$f'(n)$ 的分子关于 n 是单调递减的函数。所以，对所有的 $n > 0$，$f'(n)$ 的分子小于零。因而，$f'(n) < 0$，即 $f(n)$ 是 n 的单调递减函数。

进而，根据式（3 - 5），在给定 d 和 x_i 时，π_i 也是 n 的单调递减函数。这样就证明了该推论。

某家企业进入市场的条件是"有利可图"，即这家企业的净收益为正，即 $\pi_i > 0$，也就是：

$$\frac{p(x_i)}{np}[1 - (1-p)^n]V_I + \frac{q(d-x_i)}{nq}[1 - (1-q)^n]V_{II} > d$$

某家企业退出市场的条件是"无利可图"，即这家企业的净收益为负，即 $\pi_i < 0$，也就是：

$$\frac{p(x_i)}{np}[1 - (1-p)^n]V_I + \frac{q(d-x_i)}{nq}[1 - (1-q)^n]V_{II} < d$$

因此，在企业可以自由进入和退出市场的均衡状态下，产业内从事科技创新的企业数目满足 $\pi_i = 0$，即：

$$\frac{p(x_i)}{np}[1 - (1-p)^n]V_I + \frac{q(d-x_i)}{nq}[1 - (1-q)^n]V_{II} = d$$

由于在对称均衡下，$p(x_i) = p$、$q(d - x_i) = q$，所以可以计算得到产业内企业的数目 n_* 满足

$$n_* = \frac{[1 - (1-p)^{n_*}]V_{\mathrm{I}} + [1 - (1-q)^{n_*}]V_{\mathrm{II}}}{d} \qquad (3-7)$$

其中，等号右边的分子中含有 n_*。

推论 2：当所有企业的研发投入决策给定且对称时（例如 $x_i = x_*$），假设研发项目取得科技创新成功后带来的价值之和 $V_{\mathrm{I}} + V_{\mathrm{II}}$ 充分大，那么产业内满足自由进入和退出条件的企业数目 n_* 存在且唯一。

证明：在本节前述推论的证明中已经知道 $[1 - (1-p)^n]/n$ 和 $[1 - (1-q)^n]/n$ 都随 n 单调递减，那么形如 $f(n) = \dfrac{[1 - (1-p)^n]V_{\mathrm{I}} + [1 - (1-q)^n]V_{\mathrm{II}}}{n}$ 的函数也随 n 单调递减。而且，当 $n \to \infty$ 时，$f(n) \to 0$。现在假设研发项目取得科技创新成功后可以带来的价值之和 $V_{\mathrm{I}} + V_{\mathrm{II}}$ 充分大，那么当 $n \to 0$ 时，$f(n) \to -V_{\mathrm{I}} \ln(1-p) - V_{\mathrm{II}} \ln(1-q)$ 也充分大，因此就存在唯一的 n_* 满足

$$d = \frac{[1 - (1-p)^{n_*}]V_{\mathrm{I}} + [1 - (1-q)^{n_*}]V_{\mathrm{II}}}{n_*}$$

这样就证明了推论 2。

三　市场均衡的存在唯一性

根据推论 1 和推论 2 可以证明基本模型的对称均衡 (x_*, n_*) 存在且唯一，这是本章后续分析所必需的重要基础之一。

推论 3：假设研发项目取得科技创新成功后带来的价值之和 $V_{\mathrm{I}} + V_{\mathrm{II}}$ 充分大，那么模型的对称均衡 (x_*, n_*) 存在且唯一。

证明：首先，给定产业内企业的数目，则由推论 1 知道存在满足均衡条件式（3-6）的研发投入决策。接着，给定这一研发投入决策后，由推论 2 知道存在满足均衡条件式（3-7）的企业数目。

在刚刚求出的企业数目处，再利用推论 1 推知存在新的满足均衡条件式（3-6）的研发投入决策，并且给定这一新的研发投入决策后，再根据推论 2 推知又存在新的满足均衡条件式（3-7）的企业数目。如此不断求解，根据压缩映像原理，就知道模型的对称均衡（x_*，n_*）存在且唯一。

第四节　决策层的最优社会福利决策及其存在唯一性

根据前文对 I 型和 II 型研发项目的社会福利的计算，社会从两种类型的研发项目上得到的社会福利总和是：

$$W = W_I + W_{II}$$
$$= \{1 - [1 - p(x)]^n\}V_I + \{1 - [1 - q(d-x)]^n\}V_{II} - nd$$

一　决策层的最优研发投入决策

在研发投入决策对称的条件下，决策层选择的最大化社会福利 W 的最优研发投入记为 x_W，即：

$$x_W \equiv \max_x W$$

其一阶条件是：

$$\left.\frac{\partial W}{\partial x}\right|_{x=x_*} = n[1 - p(x_W)]^{n-1}p'(x_W)V_I -$$
$$n[1 - q(d-x_W)]^{n-1}q'(d-x_W)V_{II} = 0 \tag{3-8}$$

一阶条件表明，在给定所有 n 家企业做相同研发投入决策的前提下，每家企业对 I 型研发项目多做一个单位的投资所带来的社会福利增值为 $n[1 - p(x_W)]^{n-1}p'(x_W)V_I$，每家企业对 II 型研发项目少做一个单位的投资所造成的社会福利损失为 $n[1 - q(d-$

$x_W)]^{n-1}q'(d-x_W)V_{II}$。决策层命令所有 n 家企业选择的 x_W 是满足社会福利增值刚刚好等于社会福利损失的研发投入，即：

$$[1-p(x_W)]^{n-1}p'(x_W)V_I = [1-q(d-x_W)]^{n-1}q'(d-x_W)V_{II}$$

事实上，根据如下单调性推论就能证明决策层选择的最优研发投入 x_W 存在且唯一。

推论：在给定 d 和 n 时，$\dfrac{\partial W}{\partial x}$ 是关于每家企业在 I 型研发项目上的研发投入 x 的单调递减函数。

证明：对 $\dfrac{\partial W}{\partial x}$ 关于 x 求导得到：

$$-n(n-1)[1-p(x)]^{n-2}[p'(x)]^2V_I - n(n-1)[1-q(d-x)]^{n-2}[q'(d-x)]^2V_{II} + n[1-p(x)]^{n-1}p''(x)V_I + n[1-q(d-x)]^{n-1}q''(d-x)V_{II} < 0$$

其中，因为 $p(x)$ 和 $q(x)$ 是凹函数，所以 $p''(x) < 0$、$q''(d-x) < 0$。这样就直接证明了该推论。

二 决策层的最优企业数目决策

决策层在考虑科技创新带来的社会福利时，社会福利受企业数目的影响，但是这一影响与企业收益受到的影响不同。一方面，企业数目越多，科技创新成功的概率就越大，社会福利水平也就越高。另一方面，企业数目越多，社会为研发投入的资源成本就越多，社会福利水平也就越低。所以，社会福利水平受到这两种相反力量的影响。随着企业数目的增加，这两种力量的强弱发生变化，导致社会福利水平先增加后减小。也就是说，在企业数目较少时，另外增加一家企业所能带来的科技创新成功机会的提升较大，这样，社会为此多付出一个单位的研发资源投入是值得的。但是，在企业数目较多时，另外增加一家企业所能带来的科技创新成功机会的提升较小，此时，社会为此多付出一个单位的研发资源投入是不值得的。

在研发投入决策对称的前提下，决策层选择的最大化社会福利 W 的最优企业数目记为 n_W，即：

$$n_W \equiv \max_n W$$

其一阶条件是：

$$\left. \frac{\partial W}{\partial n} \right|_{n=n_W} = -[1-p(x)]^{n_*}\ln[1-p(x)]V_I - $$
$$[1-q(d-x)]^{n_*}\ln[1-q(d-x)]V_{II} - d = 0 \tag{3-9}$$

根据如下 W 随 n 先增后减的单调性推论就能证明决策层选择的最优企业数目 n_W 存在且唯一。

推论：假设 $V_I + V_{II}$ 充分大，那么在给定 d 和 x 时，随着 n 的增加，W 先变大后变小。

证明：因为在社会福利 W 中与 n 有关的只有 $1-[1-p(x)]^n$、$1-[1-q(d-x)]^n$ 和 nd 三项因子，所以只需要证明形如 $g(n) = 1-(1-a)^n$ 的函数关于 n 单调递增即可，其中 a 是小于 1 的常数。

因为 $a<1$，所以 $\ln(1-a)<0$。对 $g(n)$ 求导数得：

$$g'(n) = -(1-a)^n\ln(1-a) > 0$$

因此，$g(n)$ 是 n 的单调递增函数。

进而，W 关于 n 的导数是：

$$-[1-p(x)]^n\ln[1-p(x)]V_I - [1-q(d-x)]^n\ln[1-q(d-x)]V_{II} - d$$

因为 $p(x)<1$、$q(d-x)<1$，所以它是 n 的单调递减函数。当 n 比较小时，由于 V_I 充分大或者 V_{II} 充分大，所以 $-[1-p(x)]^n\ln[1-p(x)]V_I > d$ 或者 $-[1-q(d-x)]^n\ln[1-q(d-x)]V_{II} > d$，这表明此时 W 随着 n 的增加而增加。但是，对于给定的 V_I 和 V_{II}，当 $n \to \infty$ 时，$[1-p(x)]^n$ 和 $[1-q(d-x)]^n$

都收敛到零，所以 $-[1-p(x)]^{n}\ln[1-p(x)]V_{\mathrm{I}}-[1-q(d-x)]^{n}\ln[1-q(d-x)]V_{\mathrm{II}}-d<0$，这表明此时 W 随着 n 的增加而减小。这样就证明了该推论。

三　最优社会福利决策的存在唯一性

根据前述各节的推论可以证明决策层的最优社会福利决策 (x_{W},n_{W}) 存在且唯一，这是本章后续分析所必需的重要基础之二。

推论 4：假设研发项目取得科技创新成功后带来的价值之和 $V_{\mathrm{I}}+V_{\mathrm{II}}$ 充分大，那么社会计划的最优社会福利决策 (x_{W},n_{W}) 存在且唯一。

证明：首先，给定产业内企业的数目，则由前述推论可知存在满足决策层最优研发投入决策条件式（3-8）的研发投入决策。接着，给定这一研发投入决策后，推导得知存在满足决策层最优企业数目决策条件式（3-9）的企业数目。如此，在求出的企业数目处，再推导存在新的满足最优研发投入决策条件式（3-8）的研发投入决策，并且给定这一新的研发投入决策后，再次推得存在新的满足最优企业数目决策条件式（3-9）的企业数目。如此这般不断求解，根据压缩映像原理，就知道决策层的最优社会福利决策 (x_{W},n_{W}) 存在且唯一。

第五节　对不同风险程度研发项目的
应用分析

考虑到 I 型研发项目代表低风险的研发项目，II 型研发项目代表高风险的研发项目，通常，具有潜在的重大创新价值的基础型研发项目取得科技创新成功的概率往往较低，而具有明确的商业转化价值的应用型研发项目取得科技创新成功的概率往往较高。

因此，也可以考虑用Ⅰ型研发项目代表科技创新成功率较高的应用型研发项目，用Ⅱ型研发项目代表科技创新成功率较低的基础型研发项目。

为了平衡研发项目的风险程度与科技创新成功带来的价值水平之间的关系，假设 $p(x)=\mu q(x)$ 和 $V_{\mathrm{II}}=\mu V_{\mathrm{I}}$。其中，$\mu>1$，用来度量两种类型的研发项目之间的风险差异——风险差异越大，μ 越大。

上面这个平衡研发项目的风险程度与科技创新成功带来的价值水平之间关系的假设保证了在研发投入相同的情况下，尽管Ⅰ型研发项目比Ⅱ型研发项目更容易取得科技创新成功，即Ⅰ型研发项目是低风险的研发项目，Ⅱ型研发项目是高风险的研发项目，但是Ⅰ型研发项目取得科技创新成功后所带来的价值低于Ⅱ型研发项目取得科技创新成功后所带来的价值，而且它们之间还是一种收益期望上的平衡关系，即：

$$p(x)V_{\mathrm{I}} = q(x)V_{\mathrm{II}}$$

这表明对一家企业而言，如果它在两种类型的研发项目上投入等同的研发资源，那么它从这两种研发项目的科技创新上收获的期望收益是相等的，这样就在数学期望的意义上平衡了研发项目的风险程度与科技创新成功带来的价值水平之间的关系。否则，如果某一类型的研发项目具有更高的科技创新价值，那么企业就会偏向于选择这一类型的研发项目，准确地说，企业会对这一类型的研发项目投入更多的研发资源，这种选择偏向并不是本章模型所关注的。因此，上面关于研发项目的风险程度和科技创新价值的假设是合理的。

为了简化分析，在本节中令每家企业都在研发上投入 $d=1$ 个单位的研发资源以满足实验室建设等固定投资需要。这一简化并不影响分析的过程和结果。

一　企业的次优研发投入决策

根据前面的计算结果，企业的研发投入决策方程可以简化为：

$$\frac{\mu q'(x_{i,*})}{\mu q(x_{j,*})}\{1-[1-\mu q(x_{j,*})]^n\}V_1 = \frac{q'(1-x_{i,*})}{q(1-x_{j,*})}\{1-[1-q(1-x_{j,*})]^n\}\mu V_1,$$

$$\frac{q'(x_{i,*})}{q'(1-x_{i,*})} = \mu \frac{1-[1-q(1-x_{j,*})]^n}{1-[1-\mu q(x_{j,*})]^n} \times \frac{q(x_{j,*})}{q(1-x_{j,*})}$$

$$(3-10)$$

通常，企业自发地满足市场均衡条件的决策被称为次优决策。根据研发投入决策方程式（3-10），可以得到如下关于企业的次优研发投入决策的分析结果。

定理1：每家企业对低风险研发项目的研发投入决策 $x_{i,*}$ 存在，且当 $n>1$ 时满足 $x_{i,*}<\frac{1}{2}$。

证明：因为前面推论已经证明 $\frac{\partial \pi_i}{\partial x_i}$ 是关于 $x_i=x_j=x$ 的单调递减函数，所以要证明 $x_{i,*}<\frac{1}{2}$，只需要证明 $\frac{\partial \pi_i}{\partial x_i}$ 在 $x_i=x_j=\frac{1}{2}$ 处小于零即可。

把 $x_i=x_j=\frac{1}{2}$ 代入 $\frac{\partial \pi_i}{\partial x_i}$ 计算如下：

$$\frac{\partial \pi_i}{\partial x_i} = \frac{q'\left(\frac{1}{2}\right)}{q\left(\frac{1}{2}\right)}\left\{1-\left[1-\mu q\left(\frac{1}{2}\right)\right]^n\right\}V_1 - \frac{q'\left(\frac{1}{2}\right)}{q\left(\frac{1}{2}\right)}\left\{1-\left[1-q\left(\frac{1}{2}\right)\right]^n\right\}\mu V_1$$

$$= \frac{q'\left(\frac{1}{2}\right)}{q\left(\frac{1}{2}\right)}V_1\left\{1-\left[1-\mu q\left(\frac{1}{2}\right)\right]^n-\mu+\mu\left[1-q\left(\frac{1}{2}\right)\right]^n\right\}$$

首先，当 $n=2$ 时，最后的大括号里面的因子简化为：

$$1 - \left[1 - \mu q\left(\frac{1}{2}\right)\right]^2 - \mu + \mu\left[1 - q\left(\frac{1}{2}\right)\right]^2$$

$$= 1 - 1 + 2\mu q - (\mu q)^2 - \mu + \mu - 2\mu q + \mu q^2$$

$$= (-\mu + 1)\mu q^2$$

$$< 0$$

那么，$\dfrac{\partial \pi_i}{\partial x_i}$在 $x_i = x_j = \dfrac{1}{2}$ 处小于零。

下面用归纳法证明 $n > 2$ 时的情形。现在假设 $1 - \left[1 - \mu q\left(\dfrac{1}{2}\right)\right]^n - \mu + \mu\left[1 - q\left(\dfrac{1}{2}\right)\right]^n < 0$。因为 $1 - \left[1 - \mu q\left(\dfrac{1}{2}\right)\right]^{n+1} - \mu + \mu\left[1 - q\left(\dfrac{1}{2}\right)\right]^{n+1} = 1 - (1 - \mu q)^n + \mu q(1 - \mu q)^n - \mu + \mu(1 - q)^n - \mu q(1 - q)^n = \{1 - (1 - \mu q)^n - \mu + \mu(1 - q)^n\} + \mu q\{(1 - \mu q)^n - (1 - q)^n\}$，所以，根据归纳假设，最后的等号后的第一个大括号里面的因子小于零，又根据 $\mu > 1$，第二个大括号里面的因子也小于零，这样也就得到它小于零的结果。

如此也就证明了对任意的 $n > 1$，$\dfrac{\partial \pi_i}{\partial x_i}$ 在 $x_i = x_j = \dfrac{1}{2}$ 处小于零，即证明了 $x_{i,*} < \dfrac{1}{2}$。上面已经证明了 $\dfrac{\partial \pi_i}{\partial x_i}$ 在 $x_i = x_j = \dfrac{1}{2}$ 处小于零，为了证明 $x_{i,*}$ 存在，还需要证明当 $x_i = x_j = x$ 充分小时 $\dfrac{\partial \pi_i}{\partial x_i}$ 大于零，即 $\lim\limits_{x \to 0} \dfrac{\partial \pi_i}{\partial x_i} > 0$。

首先，当 $n = 2$ 时，$\lim\limits_{x \to 0} \dfrac{1 - [1 - \mu q(x)]^2}{q(x)} = 2\mu - \mu^2 \lim\limits_{x \to 0} q(x) = 2\mu$，又由于 $q(x)$ 是凹函数，$q'(x)$ 关于 x 单调递减，$q'(0) > q'(1)$，所以在 $n = 2$ 处，$\lim\limits_{x \to 0} \dfrac{\partial \pi_i}{\partial x_i} = \lim\limits_{x \to 0} \dfrac{1 - [1 - \mu q(x)]^2}{q(x)} q'(0) V_I - \dfrac{1 - [1 - q(1)]^2}{q(1)} \mu q'(1) V_I = 2\mu q'(0) V_I - [2 - q(1)] \mu q'(1)$

$V_{\mathrm{I}} > 0$。

可以用归纳法证明 $n > 2$ 时的情形。现在假设在 n 处，$\lim\limits_{x \to 0} \dfrac{\partial \pi_i}{\partial x_i} =$

$\lim\limits_{x \to 0} \dfrac{1 - [1 - \mu q(x)]^n}{q(x)} q'(0) V_{\mathrm{I}} - \dfrac{1 - [1 - q(1)]^n}{q(1)} \mu q'(1) V_{\mathrm{I}} > 0$，

在 $n + 1$ 处，计算 $\dfrac{\partial \pi_i}{\partial x_i}$：

$$\lim_{x \to 0} \frac{1 - [1 - \mu q(x)]^{n+1}}{q(x)} q'(0) V_{\mathrm{I}} - \frac{1 - [1 - q(1)]^{n+1}}{q(1)} \mu q'(1) V_{\mathrm{I}}$$

$$= \lim_{x \to 0} \frac{1 - [1 - \mu q(x)]^n + \mu q(x) [1 - \mu q(x)]^n}{q(x)} q'(0) V_{\mathrm{I}} -$$

$$\frac{1 - [1 - q(1)]^n + q(1) [1 - q(1)]^n}{q(1)} \mu q'(1) V_{\mathrm{I}}$$

$$= \left\{ \lim_{x \to 0} \frac{1 - [1 - \mu q(x)]^n}{q(x)} q'(0) V_{\mathrm{I}} - \frac{1 - [1 - q(1)]^n}{q(1)} \mu q'(1) V_{\mathrm{I}} \right\} +$$

$$\left\{ \lim_{x \to 0} [1 - \mu q(x)]^n \mu q'(0) V_{\mathrm{I}} - [1 - q(1)]^n \mu q'(1) V_{\mathrm{I}} \right\}$$

根据归纳假设，最后的等号后的第一个大括号里面的因子大于零。又由于 $q(x)$ 是凹函数，$q'(x)$ 关于 x 单调递减，$q'(0) > q'(1)$，所以最后的等号后的第二个大括号里面的因子等于 $\mu q'(0) V_{\mathrm{I}} - [1 - q(1)]^n \mu q'(1) V_{\mathrm{I}}$，它大于零。这样就证明了在 $n + 1$ 处，$\lim\limits_{x \to 0} \dfrac{\partial \pi_i}{\partial x_i} > 0$。因此，$x_{i,*}$ 存在且满足 $0 < x_{i,*} < \dfrac{1}{2}$。这样就证明了定理 1。

从单家企业的角度看，它在决策研发资源投放时，需要思考如果对多种类型的研发项目投入等同的研发资源，那么通过科技创新得到的期望收益会有多大变化。这种变化受到企业获得专利授权的可能性的影响，也就受到其他企业取得科技创新成功的概率的影响。

一个极端情况是，如果研发项目是无风险的，即每家企业的科技创新都必然成功，那么所有企业在无风险的研发项目上共同取得科技创新成功是必然的，每家企业可以得到的科技创新收益只有很少的一部分。相反，另一个极端情况是，如果研发项目具有很高的风险，即单家企业取得科技创新成功的可能性很低，那么多家企业在高风险的研发项目上共同取得科技创新成功就几乎是不可能的，这意味着每家企业一旦在高风险的研发项目上取得科技创新成功，就很可能可以独占所有的科技创新收益。这样，当有低风险和高风险两种类型的研发项目时，对低风险的研发项目而言，每家企业都只愿意投入较少的研发资源，而对高风险的研发项目而言，每家企业都更愿意投入较多的研发资源。

换句话来说，在研发投入成本一样的情况下，企业把较多的研发资源投放到高风险的研发项目上有利于它独占科技创新收益，这样企业的期望收益更大。

因此，企业为低风险的研发项目投入较少的研发资源（ $x_{i,*} < \frac{1}{2}$ ），为高风险的研发项目投入较多的研发资源$\left(1 - x_{i,*} > \frac{1}{2}\right)$。

二 决策层的最优研发投入决策

应用前面的计算结果，决策层的最优研发投入决策方程可以简化为：

$$[1 - \mu q(x_W)]^{n-1} \mu q'(x_W) V_1 = [1 - q(1 - x_W)]^{n-1} q'(1 - x_W) \mu V_1,$$
$$\frac{q'(x_W)}{q'(1 - x_W)} = \left[\frac{1 - q(1 - x_W)}{1 - \mu q(x_W)}\right]^{n-1} \tag{3-11}$$

通常，决策层的最大化社会福利的决策被称为最优决策。根据研发投入决策方程式（3-11），可以得到如下关于决策层的最优研发投入决策的分析结果。

定理2：决策层对低风险研发项目的最优研发投入 x_W 存在，且当 $n > 1$ 时满足 $x_W < \frac{1}{2}$ 。

采用反证法，首先证明对所有的 $x \geqslant \frac{1}{2}$，决策层的最优研发投入决策方程式（3-11）都不可能成立。当 $x \geqslant \frac{1}{2}$ 时，$x \geqslant 1-x$，因而 $q(x) \geqslant q(1-x)$。由于 $\mu > 1$，所以 $1 - \mu q(x) < 1 - q(1-x)$，进而 $1 < \left[\dfrac{1-q(1-x)}{1-\mu q(x)}\right]^{n-1}$。

又因为 $q(x)$ 是 x 的凹函数，所以 $q'(x)$ 是 x 的减函数。此时 $x \geqslant 1-x$ 意味着导函数满足 $q'(x) \leqslant q'(1-x)$，进而 $\dfrac{q'(x)}{q'(1-x)} \leqslant 1$。

这表明，对所有的 $x \geqslant \frac{1}{2}$，决策层的最优研发投入决策方程式（3-11）都不可能成立，而且此时 $\dfrac{q'(x)}{q'(1-x)} \leqslant 1 < \left[\dfrac{1-q(1-x)}{1-\mu q(x)}\right]^{n-1}$。

另外，假设 $x < \frac{1}{2}$，则 $x < 1-x$，因而凹性条件意味着导函数 $q'(x) > q'(1-x)$，从而 $\dfrac{q'(x)}{q'(1-x)} > 1$。当 $x \to 0$ 时，不仅 $q(x) < q(1-x)$，而且 $q(x) \to q(0) = 0$、$q(1-x) \to q(1) > 0$，所以不仅 $1 - \mu q(x) > 1 - q(1-x)$，而且 $1 - \mu q(x) \to 1$、$1 - q(1-x) \to 1 - q(1) < 1$，那么，$\left[\dfrac{1-q(1-x)}{1-\mu q(x)}\right]^{n-1} \to \left[\dfrac{1-q(1)}{1}\right]^{n-1} < 1$。

因此，当 x 充分小时，$\dfrac{q'(x)}{q'(1-x)} > 1 > \left[\dfrac{1-q(1-x)}{1-\mu q(x)}\right]^{n-1}$。

至此，由上述两方面的分析可得：必然存在唯一的 x_W 使得决策层的最优研发投入决策方程式（3-11）成立，且该 x_W 满足 $0 < x_W < \frac{1}{2}$。这样就证明了定理2。

从决策层的角度看，如果只有一种类型的研发项目，那么只要科技创新取得成功即可，而丝毫不需要关心是一家企业取得科技创新成功还是多家企业同时取得科技创新成功。事实上，决策层在思考一家企业取得科技创新成功和多家企业同时取得科技创新成功的差异时，只关注取得这两种成功的可能性的差异，即只关注当一家企业的科技创新失败时，另外的企业为科技创新取得成功做出的贡献。

那么，一个极端情况是，如果研发项目是无风险的，即每家企业的科技创新都必然成功，那么决策层认为只要有一家企业进行科技创新即可，根本不需要另外的企业进行科技创新，因为另外的企业为科技创新取得成功做出的贡献为零。相反，另一个极端情况是，如果研发项目具有很高的风险，即单家企业取得科技创新成功的可能性很低，那么决策层认为相对于只有一家企业进行科技创新，另外的企业为科技创新取得成功做出的贡献是不容忽视的。这样，当有低风险和高风险两种类型的研发项目时，对低风险的研发项目而言，每家企业仅投入较少的研发资源就能保证这个研发项目在一个较大的概率上取得科技创新成功；而对高风险的研发项目而言，每家企业都需要投入较多的研发资源才能使这个研发项目在一个较大的概率上取得科技创新成功。

换句话来说，在低风险的研发项目上，另外的企业可以为科技创新取得成功做出的贡献不大，也就不需要它们投入较多的研发资源，然而对高风险的研发项目而言，另外的企业可以为科技创新取得成功做出显著的贡献，也就需要它们投入较多的研发资源。

因此，决策层会命令所有企业都为低风险的研发项目投入较少的研发资源$\left(x_W < \dfrac{1}{2} \right)$，为高风险的研发项目投入较多的研发资源$\left(1 - x_W > \dfrac{1}{2} \right)$。

三 次优和最优研发投入的比较

首先，社会计划者的最优研发投入决策满足以下推论：在 x_W

处，$q(1-x_W) < \mu q(x_W)$。其证明如下。

证明：已知 $x_W < \dfrac{1}{2}$，根据定理 2 的证明过程知道 $\dfrac{q'(x_W)}{q'(1-x_W)} > 1$。再利用决策层的最优研发投入决策方程式（3-11）可知 $\left[\dfrac{1-q(1-x_W)}{1-\mu q(x_W)}\right]^{n-1} > 1$，即 $1-q(1-x_W) > 1-\mu q(x_W)$。这样就证明了该推论。

利用这一推论可以证明下面的关于次优决策和最优决策的比较结果。

定理 3：当 $n>1$ 时，决策层对低风险研发项目的最优研发投入 x_W 和企业对低风险研发项目的次优研发投入 $x_{i,*}$ 之间的比较关系是：

$$x_W < x_{i,*} < \frac{1}{2}$$

证明：因为前述推论已经证明 $\dfrac{\partial \pi_i}{\partial x_i}$ 是关于 $x_i = x_j = x$ 的单调递减函数，所以要证明 $x_{i,*} > x_W$，只需要证明 $\dfrac{\partial \pi_i}{\partial x_i}$ 在 $x_i = x_j = x_W$ 处大于零即可。

首先，因为 $x_W < \dfrac{1}{2}$，所以根据定理 2 的证明过程，$q'(x_W) > q'(1-x_W)$。接着，由决策层的最优研发投入决策方程式（3-11）和上述推论：

$$\frac{q'(x_W)}{q'(1-x_W)} = \left[\frac{1-q(1-x_W)}{1-\mu q(x_W)}\right]^{n-1} > \left[\frac{1-q(1-x_W)}{1-\mu q(x_W)}\right]^{n-2}$$
$$> \cdots > \frac{1-q(1-x_W)}{1-\mu q(x_W)} > 1$$

再根据企业的次优研发投入决策方程式（3-10），要计算 $\dfrac{\partial \pi_i}{\partial x_i}$ 在

x_W 处的符号，只需要计算：

$$q'(x_W)q(1-x_W)\{1-[1-\mu q(x_W)]^n\}-$$

$$\mu q'(1-x_W)q(x_W)\{1-[1-q(1-x_W)]^n\}$$

$$=q'(x_W)q(1-x_W)\{1-[1-\mu q(x_W)][1-\mu q(x_W)]^{n-1}\}-$$

$$\mu q'(1-x_W)q(x_W)\{1-[1-q(1-x_W)][1-q(1-x_W)]^{n-1}\}$$

$$=q'(x_W)q(1-x_W)\{1-[1-\mu q(x_W)]^{n-1}+\mu q(x_W)[1-\mu q(x_W)]^{n-1}\}-$$

$$\mu q'(1-x_W)q(x_W)\{1-[1-q(1-x_W)]^{n-1}+q(1-x_W)[1-q(1-x_W)]^{n-1}\}$$

$$=q'(x_W)q(1-x_W)\{1-[1-\mu q(x_W)]^{n-1}\}-$$

$$\mu q'(1-x_W)q(x_W)\{1-[1-q(1-x_W)]^{n-1}\}$$

其中，计算最后一个等式时利用了决策层的最优研发投入决策方程。继续计算：

$$=q'(x_W)q(1-x_W)\{1-[1-\mu q(x_W)]^{n-2}+\mu q(x_W)[1-\mu q(x_W)]^{n-2}\}-$$

$$\mu q'(1-x_W)q(x_W)\{1-[1-q(1-x_W)]^{n-2}+q(1-x_W)[1-q(1-x_W)]^{n-2}\}$$

$$=q'(x_W)q(1-x_W)\{1-[1-\mu q(x_W)]^{n-2}\}-$$

$$\mu q'(1-x_W)q(x_W)\{1-[1-q(1-x_W)]^{n-2}\}+$$

$$\mu q'(x_W)q(1-x_W)q(x_W)[1-\mu q(x_W)]^{n-2}-$$

$$\mu q'(1-x_W)q(x_W)q(1-x_W)[1-q(1-x_W)]^{n-2}$$

$$>q'(x_W)q(1-x_W)\{1-[1-\mu q(x_W)]^{n-2}\}-$$

$$\mu q'(1-x_W)q(x_W)\{1-[1-q(1-x_W)]^{n-2}\}$$

其中，计算最后一个不等式时利用了 $\dfrac{q'(x_W)}{q'(1-x_W)}=$

$\left[\dfrac{1-q(1-x_W)}{1-\mu q(x_W)}\right]^{n-1}>\left[\dfrac{1-q(1-x_W)}{1-\mu q(x_W)}\right]^{n-2}>\cdots>\dfrac{1-q(1-x_W)}{1-\mu q(x_W)}>1$ 的

第一个不等式，然后继续利用此式后续的一系列不等式进行计算可得：

$$= q'(x_W)q(1-x_W)\{1-[1-\mu q(x_W)]^{n-3}+\mu q(x_W)[1-\mu q(x_W)]^{n-3}\}-$$

$$\mu q'(1-x_W)q(x_W)\{1-[1-q(1-x_W)]^{n-3}+q(1-x_W)[1-q(1-x_W)]^{n-3}\}$$

$$> q'(x_W)q(1-x_W)\{1-[1-\mu q(x_W)]^{n-3}\}-$$

$$\mu q'(1-x_W)q(x_W)\{1-[1-q(1-x_W)]^{n-3}\}$$

$$> q'(x_W)q(1-x_W)\mu q(x_W)-\mu q'(1-x_W)q(x_W)q(1-x_W)$$

$$> 0$$

这样就证明了 $\dfrac{\partial \pi_i}{\partial x_i}$ 在 x_W 处大于零，也就证明了定理3。

定理3的结果说明，当企业把研发资源分配给低风险和高风险两种类型的研发项目组合时，相对于决策层最大化社会福利水平的最优研发项目投入决策 $(x_W, 1-x_W)$，企业在市场上最大化自身净收益水平的次优研发项目投入决策 $(x_{i,*}, 1-x_{i,*})$ 是有偏的：企业倾向于把更多的研发资源投入低风险的研发项目中 $(x_{i,*} > x_W)$ 和把更少的研发资源投入高风险的研发项目中 $(1-x_{i,*} < 1-x_W)$。也就是说，企业的自发决策是厌恶风险的。之所以企业的次优研发投入决策会出现这样的风险厌恶偏向，是因为多家企业 $(n>1)$ 的科技创新之间存在外部性且外部性的大小随研发项目风险程度的不同 $(\mu>1)$ 而不同。

四　次优和最优企业数目的比较

接下来比较在企业可以自由进入和退出市场的条件下均衡的企业数目 n_* 和在决策层的决策下最大化社会福利的企业数目 n_W 之间的大小关系。市场均衡下的企业数目 n_* 也被称为企业自发选择的次优企业数目，最大化社会福利的企业数目 n_W 也被称为决策层选择的最优企业数目。

利用前述各节的分析与推论，可以证明如下关于 n_* 和 n_W 大小关系的定理。

定理4：假设 $V_I + V_{II}$ 充分大，那么决策层对企业数目的最优选择 n_W 和市场自发对企业数目的次优选择 n_* 的比较关系是 $n_W < n_*$。

证明：首先，假定产业内的企业数目处在满足市场均衡的状态，$n = n_*$。各家企业都在研发投入 $x = x_*$ 处获得最大的收益。在企业可以自由进入和退出市场的情况下，完全竞争的市场均衡使产业内的各家企业都没有超额净收益，所以企业的自由进入和退出决策满足

$$\frac{\{1-[1-p(x_*)]^{n_*}\}V_I + \{1-[1-q(1-x_*)]^{n_*}\}V_{II}}{n_*} = 1，即$$

$$\{1-[1-p(x_*)]^{n_*}\}V_I + \{1-[1-q(1-x_*)]^{n_*}\}V_{II} = n_*。$$

然后，假定产业内的企业数目处在决策层的命令下，$n = n_W$。各家企业都在决策层的命令下投入研发资源 $x = x_W$。决策层的命令使社会收益达到最大值，因而，$W = \{1-[1-p(x_W)]^{n_W}\}V_I + \{1-[1-q(1-x_W)]^{n_W}\}V_{II} - n_W > 0$，即

$$\frac{\{1-[1-p(x_W)]^{n_W}\}V_I + \{1-[1-q(1-x_W)]^{n_W}\}V_{II}}{n_W} > 1。$$

现在，考虑产业中的企业数目处在市场均衡的企业数目处，$n = n_*$，但是，企业的研发投入处在决策层的最优研发投入处，$x = x_W$。如果由企业自主决策研发投入的话，这些企业只有在 $x = x_*$ 处才能得到最大收益，所以它们在 $x = x_W$ 处只能得到较少的收益：

$$\frac{\{1-[1-p(x_W)]^{n_*}\}V_I + \{1-[1-q(1-x_W)]^{n_*}\}V_{II}}{n_*}$$

$$< \frac{\{1-[1-p(x_*)]^{n_*}\}V_I + \{1-[1-q(1-x_*)]^{n_*}\}V_{II}}{n_*}$$

整合上述各式可以得到如下不等式：

$$\frac{\{1-[1-p(x_W)]^{n_*}\}V_I + \{1-[1-q(1-x_W)]^{n_*}\}V_{II}}{n_*}$$

$$< 1 < \frac{\{1-[1-p(x_W)]^{n_W}\}V_I + \{1-[1-q(1-x_W)]^{n_W}\}V_{II}}{n_W} \tag{3-12}$$

在本章第四节的推论中，已经证明如下社会福利函数 $\{1-[1-p(x)]^n\} V_I + \{1-[1-q(1-x)]^n\} V_{II} - n$ 随着 n 的增加先变大后变小。这等价于，与关于 n 的成本递增函数 $g(n) = n$ 相比，创新收益函数 $h(n) = \{1-[1-p(x_W)]^n\} V_I + \{1-[1-q(1-x_W)]^n\} V_{II}$ 在 n 比较小的时候是增长得更快的函数，但在 n 比较大的时候是增长得更慢的函数。而且，由于当 $n=n_W$ 时，决策层能够最大化社会福利，所以 $h(n)$ 和 $g(n)$ 两个函数都经过原点且在 $n=n_W$ 处的增长率持平。而且，在本章第三节的推论证明中已经知道 $[1-(1-p)^n]/n$ 和 $[1-(1-q)^n]/n$ 都随 n 单调递减。那么形如 $f(n) = \dfrac{h(n)}{g(n)} = \dfrac{[1-(1-p)^n] V_I + [1-(1-q)^n] V_{II}}{n}$ 的函数也随 n 单调递减。所以，由不等式（3－12）可以直接得到 $n_W < n_*$。这样就完成了定理4的证明。

定理4表明，当企业可以自由进入和退出市场时，完全竞争的市场会使产业内的企业数目过多，以至于达到所有企业将创新价值瓜分殆尽的程度。此时，每家企业都受到科技创新收益的驱动进行研发投入，但是企业数目太多导致各家企业因科技创新而获得的净收益为零。显然，较之于社会为此支付的高昂的研发投入成本，这样的结果是有损于社会福利的。

最大化社会福利的企业数目应该是社会为最后一个进入的企业支付的高昂的研发投入与这个企业为社会贡献的科技创新新增收益相等。这个企业为社会贡献的新增收益指的是这个企业并不影响其他所有已经进入产业开展科技创新的企业的收益，即这个企业对社会的净贡献，不包括它的专利授权给其他企业带来的外部性影响。

事实上，当决策层认为最后一个进入产业的企业已经使社会福利达到最大化水平的时候，这个企业本身却仍然能够凭借它的专利授权外部性从其他企业已经为社会创造的收益那里获得一部分收益。

这导致最后一个进入产业的企业能够得到的收益是超过它的研发投入成本的，即企业的净收益大于零。从这个意义上看，还会有新的企业继续进入产业，直至从企业的视角看，它们的收益等于研发投入成本为止，即企业的净收益为零为止。所以，$n_W < n_*$。

五 次优和最优决策差异的成因分析

为了更清楚地阐释定理 3 和定理 4 的结果并揭示结果的内在成因，首先借助如下两个特例进行直观推理，然后做深入剖析。

特例 1：当 $\mu = 1$ 时，$x_{i,*} = x_W = \dfrac{1}{2}$，即当两种类型的研发项目在风险程度上没有差别时，企业的次优研发项目投入决策与决策层的最优研发项目投入决策是一样的，而且它们对两种类型研发项目的研发投入都是各占一半的。

证明：当 $\mu = 1$ 时，企业的次优研发项目投入决策方程式（3-10）变为 $\dfrac{q'\ (x_{i,*})}{q'\ (1-x_{i,*})} = \dfrac{1-[1-q\ (1-x_{i,*})]^n}{1-[1-q\ (x_{i,*})]^n} \times \dfrac{q\ (x_{i,*})}{q\ (1-x_{i,*})}$，决策层的最优研发项目投入决策方程式（3-11）变为 $\dfrac{q'\ (x_W)}{q'\ (1-x_W)} = \left[\dfrac{1-q\ (1-x_W)}{1-q\ (x_W)}\right]^{n-1}$。

此时要证明 $x_{i,*} = x_W = \dfrac{1}{2}$，只要直接计算上面两式都在 $x_{i,*} = x_W = \dfrac{1}{2}$ 时成立即可。这样就证明了特例 1。

特例 2：当 $n = 1$ 时，$x_{i,*} = x_W = \dfrac{1}{2}$，即当只有一家企业时，企业的次优研发项目投入决策与决策层的最优研发项目投入决策是一样的，而且它们对两种类型研发项目的研发投入都是各占一半的。

证明：当 $n = 1$ 时，企业的次优研发项目投入决策方程式（3-

10）变为 $\dfrac{q'\left(x_{i,*}\right)}{q'\left(1-x_{i,*}\right)}=1$，决策层的最优研发项目投入决策方程式

（3－11）变为 $\dfrac{q'\left(x_{W}\right)}{q'\left(1-x_{W}\right)}=1$。

此时要证明 $x_{i,*}=x_{W}=\dfrac{1}{2}$，只要直接计算上面两式都在 $x_{i,*}=$

$x_{W}=\dfrac{1}{2}$ 时成立即可。这样就证明了特例2。

这两个特例和定理3说明：只有当多家企业（$n>1$）进行以科技创新为目的的研发投资且它们投资的两种类型的研发项目存在风险程度上的差异（$\mu>1$）时，企业的次优研发投入决策才会出现厌恶风险的偏向，即 $x_{i,*}>x_{W}$。

因为企业的科技创新是以专利竞赛的形式按照赢者通吃的原则开展的，所以多家企业（$n>1$）的科技创新之间存在外部性。当一家企业取得科技创新成功的时候，虽然它不会减少其他企业取得科技创新成功的机会，但是它会降低其他企业获得专利授权的可能性，进而降低其他企业通过科技创新得到的预期收益，从而弱化其他企业进行科技创新的市场激励。这就是模型中多家企业的科技创新之间存在外部性的根源。

当面临具有不同风险程度的多种类型的研发项目时，企业科技创新之间的外部性因研发项目风险程度的不同而不同。从市场上只有一家企业进行科技创新的角度看，它在低风险的研发项目上取得科技创新成功后只能获得较少的价值收益，但在高风险的研发项目上取得科技创新成功后却能获得较多的价值收益。这样，假若它可以通过科技创新从低风险和高风险的研发项目上得到等同的预期收益，那它就会对低风险和高风险的研发项目投入等同的研发资源，而不会倾向于对低风险的研发项目投入较多的研发资源却对高风险的研发项目投入较少的研发资源，也不会倾向于对高风险的研

发项目投入较多的研发资源却对低风险的研发项目投入较少的研发资源。

但是，当有多家企业进行科技创新的时候，由于它们之间存在外部性，每家企业都发现，提高自己赢得专利竞赛的可能性很重要：只有赢得专利竞赛才能真正把预期收益转化为真实收益。事实上，一家企业能否获得专利授权不仅取决于自家能否取得科技创新成功，而且取决于其他企业能否取得科技创新成功，因而其他企业取得科技创新成功的概率很重要。如果企业对低风险和高风险的研发项目投入等同的研发资源，那么，一方面，企业在高风险研发项目上取得科技创新成功的可能性低，这意味着它赢得专利竞赛的可能性低，因而企业更愿意减少投入高风险研发项目上的研发资源，增加投入低风险研发项目上的研发资源，以此提高自己取得科技创新成功的可能性以及赢得专利竞赛的可能性，进而提高自己把预期收益转化为真实收益的可能性；但是，另一方面，其他企业在高风险研发项目上取得科技创新成功的可能性也低，这意味着这家企业赢得专利竞赛的可能性就高，因而它更愿意增加投入高风险研发项目上的研发资源，减少投入低风险研发项目上的研发资源，以此提高自己取得科技创新成功后面对较少的专利竞争来赢得专利竞赛的可能性，进而提高自己把预期收益转化为真实收益的可能性。

如果对低风险和高风险的研发项目投入等同的研发资源，那么所有企业作为一个整体在低风险的研发项目上取得科技创新成功的可能性要高于在高风险的研发项目上取得科技创新成功的可能性。由于单家企业在所有企业中脱颖而出获得专利授权的可能性是一样的，所以单家企业在低风险的研发项目上获得专利授权的可能性要高于在高风险的研发项目上获得专利授权的可能性。但是，要注意在这个时候，获得专利授权的可能性差异是与不同风险程度的研发项目的科技创新价值差异相互平衡的。这样，每家企业都会更重视在高风险研发项目上的科技创新成功，因为它在高风险的研发项目上面临的其他企业对专利授权的竞争更小。

所以，每家企业都选择以遭受科技创新失败的高风险为代价，增加投入高风险研发项目上的研发资源，减少投入低风险研发项目上的研发资源，从而降低自己在科技创新成功后申请专利时遭遇其他企业的竞争，以此提高自己把预期收益转化为真实收益的可能性。

但是，相对于决策层，企业还是愿意向低风险研发项目投放更多的研发资源（$x_{i,*} > x_W$）。这是因为决策层不认为一家企业从另一家企业那里分享获得专利授权的机会是有利于社会福利水平提高的，但企业却认为无论研发项目是高风险的还是低风险的，只要通过专利授权竞争能得到一笔可观的科技创新收益那就是有利可图、值得投放研发资源的。以一个极端的情形来看，假设一个研发项目是无风险的并且只有两家企业参与科技创新。此时，每个参与无风险研发项目的企业都会取得科技创新成功，那么它们预期会平分科技创新的价值。因此，在无风险研发项目上，每家企业都有一份可观的期望收益，愿意对无风险研发项目投放研发资源。但是，决策层不这样认为。决策层认为只要有一家企业对无风险研发项目投放研发资源即可，其他企业再投放研发资源到无风险研发项目上都是浪费，其他企业应该把研发资源投放到高风险研发项目上去，这样尽量降低各家企业在同一个研发项目上取得科技创新成功的可能性。这样的逻辑导致在对称均衡下，决策层只要求每家企业对低风险研发项目投入很少的研发资源，其数量比企业愿意对低风险研发项目投入的数量还要少。

由定理3可知，当企业的科技创新面临多种风险程度的研发项目时，相对于社会福利最大化的情况，企业对高风险研发项目的研发投入通常是不足的，研发项目的风险越高，这种研发投入的不足程度越严重。据此，可以得到一个重要的提示：政府应以科技金融等政策手段引导企业加大对高风险研发项目的资源投入，这样做符合社会福利最大化的发展目标。

由定理4可知，当企业可以自由进入和退出市场时，完全竞争的市场会使所有企业将创新价值瓜分殆尽，此时每家企业因科技创新而获得的净收益为零。企业的净收益为零的状态并不是决策层所期望的。这是因为，当净收益为零时，最后一家进入产业的企业是在付出了高昂的研发投入成本之后，凭借它的专利授权外部性，从那些已经进入产业开展科技创新的企业的收益之中竞争得到了部分收益。这部分收益并不是社会的新增收益。所以这样看来，这家企业进入产业的行为是有损社会福利的。据此，可以得到另一个重要的提示：政府应以科技金融等政策手段引导有较强科技创新能力的企业留在产业内，淘汰科技创新能力不强的企业，以此降低产业内因企业间的负外部性而引起的恶性竞争，这样做符合社会福利最大化的发展目标。

第六节　本章小结

本章建立的基本模型是一个不考虑科技金融支持的科技创新模型。模型中的企业在科技创新的过程中可以选择将总量有限的研发资源投入不同类型的研发项目。基本模型的主要结果有二。一是证明了对称均衡存在且唯一；二是证明了决策层最大化社会福利的最优决策存在且唯一。

基本模型的对称均衡存在且唯一是后续深入分析企业自发的科技创新决策的必需前提。决策层最大化社会福利的最优决策存在且唯一是后续准确判断企业自发决策是不是最优决策的必需前提。因此，前述推理为回答"为什么需要科技金融支持科技创新"问题奠定了分析基础。

应用基本模型分析当企业面对具有风险差异的两种类型的研发项目时的科技创新决策行为，主要结果有四。一是在市场均衡时，企业对高风险研发项目的资源投入多于对低风险研发项目的资源投入；二是在决策层的命令下，企业对高风险研发项目的资源投入也多于对低风险研发项目的资源投入；三是相比较来看，决策层的命令要求企业对高风险研发项目的资源投入要多于市场均衡下企业对高风险研发项目的资源投入，即市场自身对高风险研发项目的资源投入是不足的，达不到社会福利最大化的要求；四是相比较来看，决策层的命令要求产业内企业数目要少于市场均衡时的企业数目，即科技创新市场上存在企业间过度竞争的可能。

本章的分析与结果为建议政府采取科技金融手段支持科技创新提供了理论支撑。首先，政府应以科技金融等政策手段引导企业加大对高风险研发项目的资源投入；其次，政府应以科技金融等政策手段引导有较强科技创新能力的企业留在产业内，淘汰科技创新能力不强且会造成恶性竞争的企业。

第四章　科技创新扩展模型分析

本章是从理论上回答"为什么需要科技金融支持科技创新"问题的第二步。这一步的重心是在上一章基本模型的基础上，扩充建立包含科技金融支持的科技创新模型。

本章第一节为扩展模型设定了三种体现科技金融支持的可选方式。后续三节依据每种科技金融支持方式扩展模型，有针对性地考察每种方式的科技金融支持作用。具体地说，就是分析特定的科技金融支持方式是否会驱使企业在面对不同风险程度的研发项目时，做出新的科技创新决策，改变原本厌恶风险的行为模式。如果答案是肯定的，这种方式能够使企业改变厌恶风险的科技创新决策模式，那么这样的科技金融就能带来与决策层的最优决策相近或者相同的结果，也就是说，就能克服企业在高风险研发项目上的研发投入不足问题，也就意味着引入科技金融后，市场行为可以达到使社会福利水平最大化的结果。因此，通过这样的考察和分析，就能从三种科技金融支持方式中找出哪种方式能够实现科技金融支持科技创新、提高社会福利水平的目标。

通过上一章的基本模型分析和本章的扩展模型分析，不仅可以形成"科技金融能够支持科技创新、提高社会福利水平"的正面论证，而且还能解答"何种方式的科技金融能够支持科技创新、提高社会福利水平"的技术问题，并能明确揭示科技金融起到支持科技创新作用的内在有效机制。通过前后连贯的两章的理论分析，也就可以为"为什么需要科技金融支持科技创新"问题提供较为完整的解答。

第一节 扩展模型的设定

本章考察三种科技金融支持方式给科技创新带来的影响。为此，本节对三种科技金融支持方式做出如下设定。

第一，模型将考察的第一种科技金融支持方式称为"定额科技金融"。在企业做研发资源投入决策时，不同类型的研发项目可以获得相应金额的科技金融。这里，科技金融的金额是固定的，而且作为固定投资的一部分，科技金融必须以研发资源的形式投入到研发项目上去。如果科技金融的金额是可变的，那么"定额科技金融"就变为下面的"定比科技金融"。

第二，模型将考察的第二种科技金融支持方式称为"定比科技金融"。在企业做研发资源投入决策时，不同类型的研发项目可以获得不同比例的科技金融。此处，科技金融的占比是固定的，而且作为固定投资的一部分，科技金融必须以研发资源的形式投入到研发项目上去。如果科技金融的占比是可变的，那么"定比科技金融"就会变为"变比科技金融"。由于这样的变化并不会改变模型的主要结论，所以也就无须在扩展模型中单独分析"变比科技金融"支持方式。

第三，模型将考察的第三种科技金融支持方式称为"科技奖励金融"。在企业做研发资源投入决策时，研发项目本身并不会获得科技金融支持，只有当研发项目取得科技创新成功后，企业方能获得与科技创新成果相应的奖励性质的科技资金。此处，科技奖励的金额是固定的，且为奖励性质，与研发的固定投资之间没有直接关系。

下面三节将逐一考察上述三种科技金融支持方式给科技创新带来的影响。

第二节　定额科技金融与科技创新

如前，假定每家企业都在研发上投入总量为 d 的资源以满足实验室建设等固定投资需要，并且企业可以将它的研发资源投放到两种类型——Ⅰ型和Ⅱ型的研发项目上去。

此时模型中存在定额的科技金融。也就是说，企业可以从政府或金融部门处获得定额的专款专用的研发资金。企业可以无成本地获得定额科技金融，也可以低成本或低利率地获得定额科技金融。简化起见，假定企业获得定额科技金融是无成本的。即便企业需要为定额科技金融付出一个低成本或低利率，本节的主要结果也不会发生改变。具体地说，企业在Ⅰ型研发项目上可以得到固定金额为 $s_I \geq 0$ 的研发资金，在Ⅱ型研发项目上可以得到固定金额为 $s_{II} \geq 0$ 的研发资金。这些研发资金不可以挪作他用，既不可以将科技金融 s_I 用在Ⅱ型研发项目上，也不可以将科技金融 s_{II} 用在Ⅰ型研发项目上。

由于实验室建设等固定投资总量为 d，所以当模型中存在定额的科技金融时企业需要自筹的研发资金为 $\bar{d} = d - s_I - s_{II}$。假定第 i 家企业在Ⅰ型研发项目上投入的自筹研发资源为 $\bar{x}_i$，那么它在Ⅱ型研发项目上投入的自筹研发资源为 $\bar{d} - \bar{x}_i$，此处自然而然地要求企业自筹的研发投入 $\bar{x}_i$ 必须满足 $\bar{x}_i \leq \bar{d}$。那么，此时第 i 家企业在Ⅰ型研发项目上取得科技创新成功的概率为 $p(\bar{x}_i + s_I)$，遭受科技创新失败的概率为 $1 - p(\bar{x}_i + s_I)$；在Ⅱ型研发项目上取得科技创新成功的概率为 $q(\bar{d} - \bar{x}_i + s_{II})$，遭受科技创新失败的概率为 $1 - q(\bar{d} - \bar{x}_i + s_{II})$。

如前，因为模型中所有的企业都有完全相同的内外部条件，所以在下面的分析中只考虑所有企业做完全相同研发决策的对称均衡 $(\bar{x}_*,\ \bar{n}_*)$，其中 $\bar{x}_*$ 代表对称均衡下每家企业在 I 型研发项目上自筹投入的资源，$\bar{n}_*$ 代表对称均衡下市场上从事科技创新的企业数目。

一　单一类型研发项目的企业收益

如前，需要根据企业在两种类型的研发项目上的研发投入计算企业获得的科技创新收益。

1. I 型研发项目的企业收益

存在另外 l 家企业和第 i 家企业共同在 I 型研发项目上取得科技创新成功的概率为：

$$C_{n-1}^{l}\, p^{l}\, (1-p)^{n-1-l}$$

其中，p 是另外的某家企业在 I 型研发项目上取得科技创新成功的概率，$1-p$ 是另外的某家企业在 I 型研发项目上遭受科技创新失败的概率。因为模型考虑的是所有 n 家企业的对称均衡，所以此处取得科技创新成功的概率 p 和遭受科技创新失败的概率 $1-p$ 对所有另外的 $n-1$ 家企业而言都是相同的。

当存在定额科技金融时，第 i 家企业和另外 l 家企业都在 I 型研发项目上取得科技创新成功的概率为：

$$p(\bar{x}_i+s_1)\left[\,C_{n-1}^{l}\, p^{l}\, (1-p)^{n-1-l}\,\right]$$

其中，$p\,(\bar{x}_i+s_1)$ 是第 i 家企业在 I 型研发项目上取得科技创新成功的概率。由于第 i 家企业在 I 型研发项目上取得科技创新成功的概率既依赖获得的定额科技金融 s_1，又依赖这家企业对 I 型研发项目的自筹研发投入 $\bar{x}_i$，而 $\bar{x}_i$ 正是需要加以分析的第 i 家企业的研发投入决策变量，所以为了与另外的 $n-1$ 家企业区分开来，此处用

$p(\bar{x}_i + s_{\mathrm{I}})$ 突出表现第 i 家企业在 I 型研发项目上取得科技创新成功的概率依赖这家企业做出的自筹研发投入决策 $\bar{x}_i$ 和定额科技金融 s_{I}。

此时，一共有 $l+1$ 家企业在 I 型研发项目上取得科技创新成功，那么第 i 家企业在 I 型研发项目上获得专利授权的概率为：

$$\frac{p(\bar{x}_i + s_{\mathrm{I}})[C_{n-1}^l p^l (1-p)^{n-1-l}]}{l+1}$$

进而，第 i 家企业在 I 型研发项目上取得科技创新成功并获得专利授权的概率为：

$$p(\bar{x}_i + s_{\mathrm{I}}) \begin{bmatrix} C_{n-1}^0 p^0 (1-p)^{n-1} + \dfrac{C_{n-1}^1 p^1 (1-p)^{n-2}}{2} + \cdots + \\ \dfrac{C_{n-1}^l p^l (1-p)^{n-1-l}}{l+1} + \cdots + \dfrac{C_{n-1}^{n-1} p^{n-1} (1-p)^0}{n} \end{bmatrix}$$

$$= \frac{p(\bar{x}_i + s_{\mathrm{I}})}{np} \begin{bmatrix} C_n^0 p^0 (1-p)^n + C_n^1 p^1 (1-p)^{n-1} + C_n^2 p^2 (1-p)^{n-2} + \cdots + \\ C_n^{l+1} p^{l+1} (1-p)^{n-1-l} + \cdots + C_n^n p^n (1-p)^0 - C_n^0 p^0 (1-p)^n \end{bmatrix}$$

$$= \frac{p(\bar{x}_i + s_{\mathrm{I}})}{np} \left[\sum_{l=0}^n C_n^l p^l (1-p)^{n-l} - p^0 (1-p)^n \right]$$

$$= \frac{p(\bar{x}_i + s_{\mathrm{I}})}{np} [1 - (1-p)^n]$$

第 i 家企业预期通过科技创新在 I 型研发项目上获得的净收益为：

$$\pi_{\mathrm{I},i} = \frac{p(\bar{x}_i + s_{\mathrm{I}})}{np} [1 - (1-p)^n] V_{\mathrm{I}} - \bar{x}_i$$

其中，V_{I} 表示 I 型研发项目取得科技创新成功后可以带来的科技创新价值。当第 i 家企业在 I 型研发项目上取得科技创新成功并获得专利授权后，科技创新价值 V_{I} 全部归第 i 家企业所有。相应地，自筹研发投入 $\bar{x}_i$ 是第 i 家企业在 I 型研发项目上的投资成本。尽管

定额科技金融 s_I 也是研发投入，但不计入企业的研发成本。

2. Ⅱ型研发项目的企业收益

存在另外 l 家企业在Ⅱ型研发项目上取得科技创新成功的概率为：

$$C_{n-1}^{l} q^{l} (1-q)^{n-1-l}$$

其中，q 是另外的某家企业在Ⅱ型研发项目上取得科技创新成功的概率，$1-q$ 是另外的某家企业在Ⅱ型研发项目上遭受科技创新失败的概率。因为模型只分析所有企业做相同研发投入决策的对称均衡，所以此处某家企业在Ⅱ型研发项目上取得科技创新成功的概率 q 和遭受科技创新失败的概率 $1-q$ 对另外的所有 $n-1$ 家企业而言是相同的。

当存在定额科技金融时，第 i 家企业和另外 l 家企业共同在Ⅱ型研发项目上取得科技创新成功的概率为：

$$q(\bar{d} - \bar{x}_i + s_{II}) [C_{n-1}^{l} q^{l} (1-q)^{n-1-l}]$$

其中，$q(\bar{d} - \bar{x}_i + s_{II})$ 表示第 i 家企业在Ⅱ型研发项目上取得科技创新成功的概率。为了与另外的 $n-1$ 家企业区分开来，此处用 $q(\bar{d} - \bar{x}_i + s_{II})$ 突出表现第 i 家企业在Ⅱ型研发项目上取得科技创新成功的概率依赖这家企业在Ⅱ型研发项目上的自筹研发投入 $\bar{d} - \bar{x}_i$ 和定额科技金融 s_{II}。

此时，一共有 $l+1$ 家企业在Ⅱ型研发项目上取得科技创新成功。那么，第 i 家企业在Ⅱ型研发项目上取得科技创新成功并获得专利授权的概率为：

$$\frac{q(\bar{d} - \bar{x}_i + s_{II}) [C_{n-1}^{l} q^{l} (1-q)^{n-1-l}]}{l+1}$$

第 i 家企业在Ⅱ型研发项目上取得科技创新成功并获得专利授

权的概率为：

$$q(\bar{d} - \bar{x}_i + s_{\mathrm{II}})\left[\begin{array}{l} C_{n-1}^0 q^0 (1-q)^{n-1} + \dfrac{C_{n-1}^1 q^1 (1-q)^{n-2}}{2} + \cdots + \\ \dfrac{C_{n-1}^l q^l (1-q)^{n-1-l}}{l+1} + \cdots + \dfrac{C_{n-1}^{n-1} q^{n-1} (1-q)^0}{n} \end{array}\right]$$

$$= \frac{q(\bar{d} - \bar{x}_i + s_{\mathrm{II}})}{nq}\left[\begin{array}{l} C_n^0 q^0 (1-q)^n + C_n^1 q^1 (1-q)^{n-1} + C_n^2 q^2 (1-q)^{n-2} + \cdots + \\ C_n^{l+1} q^{l+1} (1-q)^{n-1-l} + \cdots + C_n^n q^n (1-q)^0 - C_n^0 q^0 (1-q)^n \end{array}\right]$$

$$= \frac{q(\bar{d} - \bar{x}_i + s_{\mathrm{II}})}{nq}\left[1 - (1-q)^n\right]$$

这样，第 i 家企业预期通过科技创新在 II 型研发项目上获得的净收益为：

$$\pi_{\mathrm{II},i} = \frac{q(\bar{d} - \bar{x}_i + s_{\mathrm{II}})}{nq}\left[1 - (1-q)^n\right] V_{\mathrm{II}} - (\bar{d} - \bar{x}_i)$$

其中，V_{II} 表示 II 型研发项目取得科技创新成功后可以带来的科技创新收益。当第 i 家企业在 II 型研发项目上取得科技创新成功并获得专利授权后，科技创新收益 V_{II} 全部归第 i 家企业所有，而自筹研发投入 $\bar{d} - \bar{x}_i$ 则是第 i 家企业在 II 型研发项目上的投资成本。尽管定额科技金融 s_{II} 也是研发投入，但不计入企业的研发成本。

二 企业的最大收益决策和市场均衡的存在唯一性

在对称均衡下，第 i 家企业预期在两种类型的研发项目上获得的总净收益为：

$$\pi_i = \pi_{\mathrm{I},i} + \pi_{\mathrm{II},i}$$

$$= \frac{p(\bar{x}_i + s_{\mathrm{I}})}{np}\left[1 - (1-p)^n\right] V_{\mathrm{I}} + \frac{q(\bar{d} - \bar{x}_i + s_{\mathrm{II}})}{nq}\left[1 - (1-q)^n\right] V_{\mathrm{II}} - \bar{d}$$

其中，$\bar{x}_i$ 是第 i 家企业在给定两种类型研发项目的总投入资源

为 d、定额科技金融分别为 s_I 和 s_{II}、自筹研发资源为 $\bar{d}$ 后最大化 π_i 时需要决策的变量。

下面从两个方面分析企业在均衡状态下的决策行为。一方面是企业在两种类型的研发项目上的研发投入决策行为，另一方面是企业选择进入或退出市场的进入退出决策行为。

1. 企业的研发投入决策分析

在对称均衡下，第 i 家企业选择的自筹研发投入应使其收益 π_i 达到最大值，记此自筹研发投入为 $\bar{x}_{i,*}$，即：

$$\bar{x}_{i,*} \equiv \max_{\bar{x}_i} \pi_i$$

那么，企业的自筹研发投入决策 $\bar{x}_{i,*}$ 需要满足一阶条件：

$$\frac{\partial \pi_i}{\partial \bar{x}_i}\bigg|_{\bar{x}_i=\bar{x}_{i,*}} = \frac{p'(\bar{x}_{i,*} + s_I)}{np}[1 - (1-p)^n]V_I -$$

$$\frac{q'(\bar{d} - \bar{x}_{i,*} + s_{II})}{nq}[1 - (1-q)^n]V_{II} = 0$$

这一条件是说：在给定其他所有 $n-1$ 家企业的研发投入决策不变的前提下，第 i 家企业对 I 型研发项目每多做一个单位的投资所带来的收益增加值 $\dfrac{p'(\bar{x}_{i,*} + s_I)}{np}[1 - (1-p)^n]V_I$ 应等于这家企业对 II 型研发项目少做一个单位的投资所遭受的收益减少值 $\dfrac{q'(\bar{d} - \bar{x}_{i,*} + s_{II})}{nq}[1 - (1-q)^n]V_{II}$。

因为 $\dfrac{\partial \pi_i}{\partial \bar{x}_i}$ 是关于第 i 家企业在 I 型研发项目上的自筹研发投入 $\bar{x}_i$ 的单调递减函数，而且也是关于所有 n 家企业在 I 型研发项目上的研发投入 $\bar{x}$ 的单调递减函数。所以当市场上企业的数目给定时（例

如 $\bar{n} = \bar{n}_*$），满足对称均衡条件的企业自筹研发投入决策 $\bar{x}_*$ 存在且唯一。

2. 企业的进入退出决策分析

对单家企业而言，科技创新成功所能带来的收益的高低受企业数目多少的影响。企业数目越多，单家企业能通过科技创新得到专利授权的可能性就越低，获得的科技创新总净收益也就越少。也就是说，在给定两种类型研发项目的总投入资源为 d、定额科技金融分别为 s_{I} 和 s_{II}、自筹研发资源为 $\bar{d}$ 时，企业数目 $\bar{n}$ 越大，单家企业预期在两种类型的研发项目上获得的总净收益 π_i 越小。

某家企业进入市场的条件是 $\pi_i > 0$，也就是：

$$\frac{p(\bar{x}_i + s_{\mathrm{I}})}{\bar{n}p}[1 - (1 - p)^{\bar{n}}]V_{\mathrm{I}} + \frac{q(\bar{d} - \bar{x}_i + s_{\mathrm{II}})}{\bar{n}q}[1 - (1 - q)^{\bar{n}}]V_{\mathrm{II}} > \bar{d}$$

某家企业退出市场的条件是 $\pi_i < 0$，也就是：

$$\frac{p(\bar{x}_i + s_{\mathrm{I}})}{\bar{n}p}[1 - (1 - p)^{\bar{n}}]V_{\mathrm{I}} + \frac{q(\bar{d} - \bar{x}_i + s_{\mathrm{II}})}{\bar{n}q}[1 - (1 - q)^{\bar{n}}]V_{\mathrm{II}} < \bar{d}$$

在企业可以自由进入和退出市场的均衡状态下，产业内从事科技创新的企业数目满足 $\pi_i = 0$，即：

$$\frac{p(\bar{x}_i + s_{\mathrm{I}})}{\bar{n}p}[1 - (1 - p)^{\bar{n}}]V_{\mathrm{I}} + \frac{q(\bar{d} - \bar{x}_i + s_{\mathrm{II}})}{\bar{n}q}[1 - (1 - q)^{\bar{n}}]V_{\mathrm{II}} = \bar{d}$$

在对称均衡下，$p(\bar{x}_i + s_{\mathrm{I}}) = p$、$q(\bar{d} - \bar{x}_i + s_{\mathrm{II}}) = q$，所以可以计算得到均衡状态下产业内企业的数目 $\bar{n}_*$ 满足：

$$\bar{n}_* = \frac{[1 - (1 - p)^{\bar{n}_*}]V_{\mathrm{I}} + [1 - (1 - q)^{\bar{n}_*}]V_{\mathrm{II}}}{\bar{d}}$$

其中，等号右边的分子中含有 $\bar{n}_*$。

由于单家企业的总净收益 π_i 随着企业数目 n 单调递减，所以当所有企业的自筹研发投入决策给定且对称时（例如 $\bar{x}_i = \bar{x}_*$），只要假设研发项目取得科技创新成功后带来的价值之和 $V_{\mathrm{I}} + V_{\mathrm{II}}$ 充分大，那么就可以知道产业内满足自由进入和退出条件的企业数目 $\bar{n}_*$ 存在且唯一。而且，企业数目 $\bar{n}_*$ 依赖企业的自筹研发资源 d，也就依赖定额科技金融 s_{I} 和 s_{II}。

3. 市场均衡的存在唯一性

根据上面对企业研发投入决策行为的分析和对企业进入退出决策行为的分析，可以利用压缩映像原理证明在包含定额科技金融的科技创新扩展模型中，对称的市场均衡存在且唯一。准确地说，假设两种类型的研发项目取得科技创新成功后带来的价值之和 $V_{\mathrm{I}} + V_{\mathrm{II}}$ 充分大，那么包含定额科技金融的科技创新扩展模型的对称均衡 $(\bar{x}_*, \bar{n}_*)$ 存在且唯一。

三　对不同风险程度的研发项目的应用分析

如前，令 Ⅰ 型研发项目代表低风险的研发项目，Ⅱ 型研发项目代表高风险的研发项目。为了平衡研发项目的风险程度与科技创新成功带来的价值水平之间的关系，假设 $p(x) = \mu q(x)$ 和 $V_{\mathrm{II}} = \mu V_{\mathrm{I}}$。其中，$\mu > 1$ 是度量两种类型的研发项目之间的风险差异的参数。研发项目间的风险差异越大，μ 的值越大。

在对两种类型的研发项目投放相同资源的情况下，尽管 Ⅰ 型研发项目比 Ⅱ 型研发项目更容易取得科技创新成功，即 Ⅰ 型研发项目是低风险的研发项目，Ⅱ 型研发项目是高风险的研发项目，但是 Ⅰ 型研发项目取得科技创新成功带来的价值低于 Ⅱ 型研发项目取得科技创新成功带来的价值，而且，它们之间还保持一种期望上的收益平衡关系：

$$p(x)V_{\mathrm{I}} = q(x)V_{\mathrm{II}}$$

为了简化分析，令每家企业都在研发项目上投入总量为 $d=1$ 的研发资源以满足实验室建设等固定投资需要。因此，每家企业的自筹研发资源为 $\bar{d}=1-s_{\mathrm{I}}-s_{\mathrm{II}}$。这一简化并不影响分析的过程和主要结果。

1. 企业的次优研发投入决策分析

利用前面设定的风险和价值关系，单个企业的研发投入决策方程变为：

$$\frac{\mu q'(\bar{x}_{i,*}+s_{\mathrm{I}})}{\mu q(\bar{x}_{j,*}+s_{\mathrm{I}})}\{1-[1-\mu q(\bar{x}_{j,*}+s_{\mathrm{I}})]^{\bar{n}}\}V_{\mathrm{I}} = \frac{q'(1-\bar{x}_{i,*}-s_{\mathrm{I}})}{q(1-\bar{x}_{j,*}-s_{\mathrm{I}})} \times$$

$$\{1-[1-q(1-\bar{x}_{j,*}-s_{\mathrm{I}})]^{\bar{n}}\}\mu V_{\mathrm{I}},$$

$$\frac{q'(\bar{x}_{i,*}+s_{\mathrm{I}})}{q'(1-\bar{x}_{i,*}-s_{\mathrm{I}})} = \mu \frac{1-[1-q(1-\bar{x}_{j,*}-s_{\mathrm{I}})]^{\bar{n}}}{1-[1-\mu q(\bar{x}_{j,*}+s_{\mathrm{I}})]^{\bar{n}}} \times \frac{q(\bar{x}_{j,*}+s_{\mathrm{I}})}{q(1-\bar{x}_{j,*}-s_{\mathrm{I}})}$$

如前，此处的 $q(x)$ 是高风险的研发项目在研发投入为 x 时取得科技创新成功的概率，它是研发投入 x 的严格递增函数和连续二阶可微函数，而且满足 $q(0)=0$ 和严格凹性条件。严格递增性质即是说 $q'(x)>0$。严格凹性条件即是说 $q''(x)<0$。

通过比较上面的研发投入决策方程式和基本模型中的研发投入决策方程式（3-10）可以知道，除了企业数目符号 n 换为 $\bar{n}$ 以外，只要企业选择 $\bar{x}_{i,*}=x_{i,*}-s_{\mathrm{I}}$ 的投入就能得到此处的方程式和式（3-10）是完全一样的结论。这样就得到如下关于企业的次优研发投入决策的结果。

推论：在包含定额科技金融的科技创新扩展模型中，每家企业对低风险研发项目的研发投入决策 $\bar{x}_{i,*}$ 存在。而且，同没有定额科技金融的科技创新基本模型中的企业对低风险研发项目的研发投入

决策 $x_{i,*}$ 相比，当给定完全一样的企业数目 $\overline{n} = n > 1$ 时，$\overline{x}_{i,*}$ 满足 $\overline{x}_{i,*} + s_1 = x_{i,*} < 1/2$。

证明：从单家企业的角度看，它在决策自筹的研发资源投放时，会先把专项的定额科技金融投入到各自对应的研发项目上去，然后思考如何对不同类型的研发项目投放自筹研发资源。

由于自筹研发资金的总额是固定为 $\overline{d}$ 的，所以通过科技创新得到的期望收益上的变化就是边际收益上的变化，这样的边际变化同没有专项的定额科技金融时的边际变化是完全一样的。

所以，只要企业数目不发生改变，有定额科技金融时企业对某种类型研发项目的资源投放总量 $\overline{x}_{i,*} + s_1$ 同没有定额科技金融时企业在同一类型研发项目上的资源投放总量 $x_{i,*}$ 是完全一样的，即 $\overline{x}_{i,*} + s_1 = x_{i,*}$。再结合定理 1 的结果立即得到 $\overline{x}_{i,*} + s_1 < 1/2$。

这一推论的结果表明在引入定额科技金融后，如果不考虑企业数目的变化，那么定额科技金融对企业的自筹研发资源产生的是挤出效应（或替代效应）：定额科技金融对研发项目的专项投入每增加一个单位，企业在同一研发项目上自筹的研发资源投入就减少一个单位。换句话说，挤出效应导致引入定额科技金融并不能直接改变企业在研发资源投放时所做的厌恶风险的决策。

不过，定额科技金融仍然可以间接改变企业在研发资源投放上所做的决策。当定额科技金融通过改变企业数目来影响企业在研发资源投放上所做的决策时，无论企业数目是增加还是减少，企业之间都存在专利授权竞争上的负外部性。因此，引入定额科技金融后，无论 $\overline{x}_{i,*} + s_1$ 是否等于 $x_{i,*}$，都仍有 $\overline{x}_{i,*} + s_1 > x_W$ 成立。利用前述推论和第三章基本模型的次优和最优研发投入比较结果定理 3（需要针对不同的企业数目加以应用分析）可以得到如下推论。

推论 5：在包含定额科技金融的科技创新扩展模型中，企业对低风险研发项目的次优研发投入是过度的，超过了决策层对低风险研发项目的最优研发投入，即 $x_W < x_{i,*} + s_I$。

2. 企业的自由进入退出决策分析

接下来分析在企业可以自由进入和退出市场的条件下均衡的企业数目 $\bar{n}_*$。利用前面的结果 $\bar{x}_{i,*} + s_I = x_{i,*}$，可以看到 $\bar{n}_*$ 和 n_* 满足的均衡方程中只有一点差别，那就是前者 $\bar{n}$ 家企业面临的临界成本为 $\bar{d} = 1 - s_I - s_{II}$，后者 n 家企业面临的临界成本为 $d = 1$，前者的临界成本小于后者，即：

$$\bar{d} = 1 - s_I - s_{II} < d = 1$$

低临界成本意味着只要获得较低的临界收益，企业就能在产业中生存下来。因此，在其他条件不变的前提下，临界成本为 $\bar{d}$ 时会有更多的企业进入产业。这样就得到如下关于企业自由进入退出决策的结果。

推论：假设 $V_I + V_{II}$ 充分大，那么在包含定额科技金融的科技创新扩展模型中，市场自发地对企业数目的次优选择 $\bar{n}_*$ 存在。而且，同没有定额科技金融的科技创新基本模型中的企业数目 n_* 相比，当给定完全一样的研发资源投入 $\bar{x}_i + s_I = x_i$ 时，$\bar{n}_*$ 满足 $n_* < \bar{n}_*$。

证明：从单家企业的角度看，它在决策是否进入或退出产业时，只关注自筹的研发投放成本，不关注专项的定额科技金融成本。因此，即便企业的科技创新收益已经很低了，低于总投放成本了，但是只要高于自筹的研发投放成本，那么企业就仍旧有利可图，不会退出市场。

所以，如果企业在有定额科技金融时与在没有定额科技金融时投放相同数量的研发资源，即 $\bar{x}_i + s_I = x_i$，那么在有定额科技金融时必定会有更多企业进入产业从事科技创新，即 $n_* < \bar{n}_*$。

这一推论表明定额科技金融可以改变企业数目。由于定额科技金融降低了企业自筹的研发成本，所以引入定额科技金融会导致企业数目更加偏离决策层的最优要求。利用前述推论和第三章基本模型的次优和最优企业数目比较结果定理4（需要针对不同的研发投入水平加以应用分析）可以得到如下关于 $\bar{n}_*$ 和 n_W 大小关系的结果。

推论6：假设 $V_I + V_{II}$ 充分大，那么在包含定额科技金融的科技创新扩展模型中，企业自发的次优企业数目是过度的，超过决策层对企业数目的最优选择，即 $n_W < \bar{n}_*$。

四　定额科技金融对科技创新的影响

前面的理论分析表明当企业获得定额科技金融的时候，一方面，虽然企业可以减少科研资源的自筹部分，但是并不能直接改变企业在不同类型研发项目上的边际收益和厌恶风险的决策模式，因而，企业对低风险类型研发项目的投入仍旧高于决策层要求的最优研发投入；另一方面，由于定额科技金融帮助企业降低了研发投资的进入门槛，所以产业内享受定额科技金融、从事科技创新的企业数目会多于没有定额科技金融时从事科技创新的企业数目，更加多于决策层要求的最优企业数目。

上述两方面因素存在共同作用。尤其存在定额科技金融可以通过改变企业数目来间接影响企业在研发资源投放上所做决策的机制。当更多的企业在产业中进行科技创新并面临更激烈的专利授权竞争时，单个企业基于增加获得专利授权机会的考虑，会尽量避免和其他企业共同取得科技创新成功的情况发生，也就会减少在低风险类型研发项目上的科研资源投入，增加在高风险类型研发项目上的科研资源投入。

按照如上思路，利用上文的推论可以进一步对推论 5 的结果进行深入分析，得到如下定理。

定理 5：假设 $V_{\mathrm{I}} + V_{\mathrm{II}}$ 充分大。在包含定额科技金融的科技创新扩展模型中企业对低风险研发项目的次优研发投入 $\bar{x}_{i,*} + s_{\mathrm{I}}$ 是过度的。不过，尽管 $\bar{x}_{i,*} + s_{\mathrm{I}}$ 仍然超过决策层对低风险研发项目的最优研发投入水平 x_W，但是 $\bar{x}_{i,*} + s_{\mathrm{I}}$ 低于没有定额科技金融的科技创新基本模型中企业对低风险研发项目的次优研发投入水平 $x_{i,*}$，即：

$$x_W < \bar{x}_{i,*} + s_{\mathrm{I}} < x_{i,*}$$

在包含定额科技金融的科技创新扩展模型中企业自发的次优企业数目 $\bar{n}_*$ 是过度的。此时，$\bar{n}_*$ 不仅超出决策层要求的最优企业数目 n_W，而且超出没有定额科技金融的科技创新基本模型中企业自发的次优企业数目 n_*，即：

$$n_W < n_* < \bar{n}_*$$

证明：以包含定额科技金融的科技创新扩展模型为考察对象，以 $(x_{i,*}$，$n_*)$ 为分析起点。首先，在给定 $\bar{n} = n_*$ 时，由上述推论可知，当扩展模型中的企业数目与基本模型中的企业数目相同时，企业在低风险类型研发项目上的研发资源投放满足 $\bar{x}_i = x_{i,*} - s_{\mathrm{I}}$。

然后，以 $\bar{x}_i = x_{i,*} - s_{\mathrm{I}}$ 作为企业的自筹研发投入决策，由上述推论可知，当企业在扩展模型中的研发投入与在基本模型中的研发投入相同时，产业内企业的数目满足 $\bar{n} > n_*$。

按照迭代方法，在给定企业数目为新计算的 $\bar{n}$ 后，根据定理 1 的分析逻辑可知，企业数目的增加（例如从 1 家企业增加到 2 家企业再增加到 n_* 家企业）会使单个企业降低在低风险类型研发项目上的研发资源投放（例如从 1 家企业时的 $x_i = 1/2$ 逐步降低到 n_* 家企业时的 $x_i = x_{i,*} < 1/2$）。因此，研发企业数目从 n_* 进一步增加到 $\bar{n}$ 会使单个企业进一步降低在低风险类型研发项目上的资源投入，即通过迭代得到的新的 $\bar{x}_i$ 会小于 $x_{i,*} - s_1$。具体的数学证明如下。

已知扩展模型中单个企业的研发投入决策方程为：

$$\frac{q'(\bar{x}_{i,*} + s_1)}{q'(1 - \bar{x}_{i,*} - s_1)} = \mu \frac{1 - [1 - q(1 - \bar{x}_{j,*} - s_1)]^{\bar{n}}}{1 - [1 - \mu q(\bar{x}_{j,*} + s_1)]^{\bar{n}}} \times \frac{q(\bar{x}_{j,*} + s_1)}{q(1 - \bar{x}_{j,*} - s_1)}$$

基本模型中单个企业的研发投入决策方程为：

$$\frac{q'(x_{i,*})}{q'(1 - x_{i,*})} = \mu \frac{1 - [1 - q(1 - x_{j,*})]^n}{1 - [1 - \mu q(x_{j,*})]^n} \times \frac{q(x_{j,*})}{q(1 - x_{j,*})}$$

对前者等号右边的因子 $\dfrac{1 - [1 - q(1 - \bar{x}_{j,*} - s_1)]^{\bar{n}}}{1 - [1 - \mu q(\bar{x}_{j,*} + s_1)]^{\bar{n}}}$ 关于 $\bar{n}$ 求导数，得：

$$\left\{ \frac{1 - [1 - q(1 - \bar{x}_{j,*} - s_1)]^{\bar{n}}}{1 - [1 - \mu q(\bar{x}_{j,*} + s_1)]^{\bar{n}}} \right\}'$$

$$= \frac{- [1 - q(1 - \bar{x}_{j,*} - s_1)]^{\bar{n}} \ln[1 - q(1 - \bar{x}_{j,*} - s_1)]\{1 - [1 - \mu q(\bar{x}_{j,*} + s_1)]^{\bar{n}}\}}{\{1 - [1 - \mu q(\bar{x}_{j,*} + s_1)]^{\bar{n}}\}^2} -$$

$$- \frac{- [1 - \mu q(\bar{x}_{j,*} + s_1)]^{\bar{n}} \ln[1 - \mu q(\bar{x}_{j,*} + s_1)]\{1 - [1 - q(1 - \bar{x}_{j,*} - s_1)]^{\bar{n}}\}}{\{1 - [1 - \mu q(\bar{x}_{j,*} + s_1)]^{\bar{n}}\}^2}$$

$$= \frac{[1 - \mu q(\bar{x}_{j,*} + s_1)]^{\bar{n}} \ln[1 - \mu q(\bar{x}_{j,*} + s_1)] - [1 - q(1 - \bar{x}_{j,*} - s_1)]^{\bar{n}} \ln[1 - q(1 - \bar{x}_{j,*} - s_1)]}{\{1 - [1 - \mu q(\bar{x}_{j,*} + s_1)]^{\bar{n}}\}^2} +$$

$$\frac{[1 - q(1 - \bar{x}_{j,*} - s_1)]^{\bar{n}} \{\ln[1 - q(1 - \bar{x}_{j,*} - s_1)] - \ln[1 - \mu q(\bar{x}_{j,*} + s_1)]\}[1 - \mu q(\bar{x}_{j,*} + s_1)]^{\bar{n}}}{\{1 - [1 - \mu q(\bar{x}_{j,*} + s_1)]^{\bar{n}}\}^2}$$

此式第一项和第二项在 $\bar{x}_{j,*} + s_1 < 1/2$、$\bar{n}$ 足够大或 μ 足够大时都为正。因此，随着企业数目的增加，扩展模型中单个企业的研发投

入决策方程等号右边增大，这样，方程式左边 $\bar{x}_{i,*}+s_{\mathrm{I}}$ 必须减小［因为 $q''(x)<0$］。这就证明了迭代得到的新的 $\bar{x}_i$ 会小于 $\bar{x}_{i,*}-s_{\mathrm{I}}$。

在给定企业的研发投入决策为新计算的小于 $\bar{x}_{i,*}-s_{\mathrm{I}}$ 的 $\bar{x}_i$ 时，单个企业的研发投入决策更优于先前的 $\bar{x}_i=\bar{x}_{i,*}-s_{\mathrm{I}}$，所以单个企业从两种类型的科研项目的科技创新上获得的收益增加，这会吸引更多的企业进入产业从事科技创新。由此即知道新的 $\bar{n}$ 比迭代前的 $\bar{n}$ 更加大于 $\bar{n}_*$。

如上反复利用迭代方法并依据压缩映像原理，可以得到包含定额科技金融的科技创新扩展模型的对称均衡 $(\bar{x}_*,\bar{n}_*)$ 满足 $\bar{x}_{i,*}+s_{\mathrm{I}}<\bar{x}_{i,*}$ 和 $\bar{n}_*<\bar{n}_*$。再根据推论5和推论6可知，$(\bar{x}_*,\bar{n}_*)$ 进一步满足 $x_W<\bar{x}_{i,*}+s_{\mathrm{I}}<\bar{x}_{i,*}$ 和 $n_W<\bar{n}_*<\bar{n}_*$。这样就完成了定理5的证明。

前述定理的结果说明，存在如下通过定额科技金融降低研发项目固定投资门槛来矫正企业厌恶风险的研发投入决策模式的内在机制。首先，引入定额科技金融后，企业自筹的研发资源减少意味着企业的科技创新成本下降，这会吸引更多企业开展科技创新。然后，更多企业开展科技创新导致单个企业要尽量避免和其他企业在同一个类型的研发项目上发生专利授权申请的直接竞争，因而单个企业会转而增加在高风险类型研发项目上的科研资源投入，同时降低在低风险类型研发项目上的科研资源投入。这有助于矫正企业在没有定额科技金融时做出的厌恶风险的研发投入决策。

但是，尽管能通过引入定额科技金融来矫正企业厌恶风险的研发投入决策，却并不能使企业的研发投入决策达到决策层要求的最优研发投入水平。而且，由于定额科技金融降低了企业的固定投资门槛，会有更多企业涌入产业中，导致企业之间的科技创新竞争更加激烈，专利授权竞争的负外部性更大。也就是说，社会以定额科技金融的方式支付巨大的研发投入成本，导致企业过度进入产业、产业中发生过度竞争，企业的进入退出行为更加偏离决策层要求的最优企业数目水平。

根据本节的理论结果和上面的机制分析，可以得到以下结论。

一方面，不建议政府为加快实施创新驱动发展战略而采用定额科技金融的政策手段。尽管政府可以以定额科技金融的政策手段引导企业加大对高风险研发项目的资源投入，但是这样做的代价是定额科技金融引致过多的企业进入市场，使得社会成本大大增加。所以，尽管定额科技金融的政策手段短期内可以矫正企业在达到市场均衡时做出的厌恶风险的研发投入决策，但是代价太高，在长期上是难以持续的。

另一方面，虽然政府也可以并行地采取有效措施淘汰科技创新能力不强的企业，以此减少产业内因企业间的负外部性而引起的恶性竞争。但是，企业数目减少也直接导致单个企业恢复到厌恶风险的研发投入决策上去。也就是说，直接限制企业数目的措施会从内在路径上破坏定额科技金融可以引导企业加大对高风险研发项目投放资源的实现机制。

总的来看，本节的理论分析表明，以定额科技金融的政策手段支持科技创新的初衷或是难以直接奏效，或是社会成本巨大，或是负面效应不可控。因为以定额科技金融的政策手段支持科技创新会放大产业内企业追逐专利授权的竞争负外部性，会损害长期的创新环境，也会损害社会福利水平，所以不建议政府为加快实施创新驱动发展战略而采用定额科技金融的政策手段。

第三节　定比科技金融与科技创新

如前，假定每家企业都在研发上投入总量为 d 的研发资源以满足实验室建设等固定投资需要，并且企业可以将它的研发资源投放到两种类型——Ⅰ型和Ⅱ型的研发项目上去。

此时模型中存在定比的科技金融。也就是说，企业可以从政府或金融部门处获得一定比例的专款专用的研发资金。企业可以是无成本地获得定比科技金融，也可以是低成本地获得定比科技金融。简化起见，假定企业获得定比科技金融是无成本的。即便企业需要为定比科技金融付出一个低成本，本节的主要结果也不会发生改变。具体地说，企业在Ⅰ型研发项目上可以得到固定比例为 $b_I \geq 0$ 的研发资金，在Ⅱ型研发项目上可以得到固定比例为 $b_{II} \geq 0$ 的研发资金。这些研发资金不可以挪作他用，既不可以将科技金融 b_I 用在Ⅱ型研发项目上，也不可以将科技金融 b_{II} 用在Ⅰ型研发项目上。

尽管实验室建设等固定投资总量为 d，但是当模型中存在定比的科技金融时企业需自筹的研发资金并不是固定不变的，而是与企业在两种类型的研发项目上的资源投放数量有关的。假定第 i 家企业在Ⅰ型研发项目上投入的自筹研发资源为 $\tilde{x}_i$，它可以获得的定比科技金融为 $b_I \tilde{x}_i$，它在Ⅰ型研发项目上投入的研发资源总量为：

$$\tilde{x}_i + b_I \tilde{x}_i = (1 + b_I) \tilde{x}_i$$

假定第 i 家企业在Ⅱ型研发项目上投入的自筹研发资源为 $\tilde{y}_i$，它可以获得的定比科技金融为 $b_{II} \tilde{y}_i$，它在Ⅱ型研发项目上投入的研发资源总量为：

$$\tilde{y}_i + b_{II} \tilde{y}_i = (1 + b_{II}) \tilde{y}_i$$

此处自然而然地要求企业在Ⅰ型和Ⅱ型研发项目上的研发投入必须满足 $(1 + b_I) \tilde{x}_i + (1 + b_{II}) \tilde{y}_i = d$，即：

$$\tilde{y}_i = \frac{d - (1 + b_I) \tilde{x}_i}{1 + b_{II}}$$

企业在研发项目上投入的自筹研发资源总量为：

$$\tilde{d} = \tilde{x}_i + \tilde{y}_i = \tilde{x}_i + \frac{d - (1 + b_{\mathrm{I}})\tilde{x}_i}{1 + b_{\mathrm{II}}} = \frac{d + (b_{\mathrm{II}} - b_{\mathrm{I}})\tilde{x}_i}{1 + b_{\mathrm{II}}}$$

将其与前文存在定额科技金融时企业自筹的研发资金 $\bar{d} = d - s_{\mathrm{I}} - s_{\mathrm{II}}$ 对比可以发现，当存在定比科技金融时，企业自筹的研发资金总量随着它在单一类型研发项目上投放的研发资金的变化而变化。如果在 II 型研发项目上可以得到的定比金融固定比例大于在 I 型研发项目上可以得到的定比金融固定比例，即 $b_{\mathrm{II}} > b_{\mathrm{I}}$，那么在 II 型研发项目上增加自筹的研发资金能够增加企业获得的科技金融总额，也就能够降低自筹研发资金的总额，相反在 I 型研发项目上增加自筹的研发资金会降低企业获得的科技金融总额，也就会增加自筹研发资金的总额。如果 I 型研发项目上可以得到的定比金融固定比例大于 II 型研发项目上可以得到的定比金融固定比例，即 $b_{\mathrm{I}} > b_{\mathrm{II}}$，那么在 I 型研发项目上增加自筹的研发资金能够增加企业获得的科技金融总额，也就能够降低自筹研发资金的总额，相反在 II 型研发项目上增加自筹的研发资金会降低企业获得的科技金融总额，也就会增加自筹研发资金的总额。如果 I 型研发项目上可以得到的定比金融固定比例等于 II 型研发项目上可以得到的定比金融固定比例，即 $b_{\mathrm{I}} = b_{\mathrm{II}}$，那么在 I 型研发项目上增加自筹的研发资金不会改变企业获得的科技金融总额，这是因为企业在 II 型研发项目上自筹的研发资金会同等降低，也就不会改变企业自筹研发资金的总额。

此时，第 i 家企业在 I 型研发项目上取得科技创新成功的概率为 $p(\tilde{x}_i + b_{\mathrm{I}}\tilde{x}_i)$，遭受科技创新失败的概率为 $1 - p(\tilde{x}_i + b_{\mathrm{I}}\tilde{x}_i)$；在 II 型研发项目上取得科技创新成功的概率为 $q(\tilde{y}_i + b_{\mathrm{II}}\tilde{y}_i)$，遭受科技创新失败的概率为 $1 - q(\tilde{y}_i + b_{\mathrm{II}}\tilde{y}_i)$。

如前，因为模型中所有的企业都有完全相同的内外部条件，所以在下面的分析中只考虑所有企业做完全相同研发决策的对称均衡 $(\tilde{x}_*, \tilde{n}_*)$，其中 $\tilde{x}_*$ 代表对称均衡下每家企业在 I 型研发项目上自筹投入的资源，$\tilde{n}_*$ 代表对称均衡下市场上从事科技创新的企业数目。

一　单一类型研发项目的企业收益

如前，需要根据企业在两种类型的研发项目上的研发投入计算企业获得的科技创新收益。

1. I 型研发项目的企业收益

存在另外 l 家企业和第 i 家企业共同在 I 型研发项目上取得科技创新成功的概率为：

$$C_{n-1}^{l} p^{l} (1 - p)^{n-1-l}$$

其中，p 是另外的某家企业在 I 型研发项目上取得科技创新成功的概率，$1-p$ 是另外的某家企业在 I 型研发项目上遭受科技创新失败的概率。因为模型考虑的是所有 n 家企业的对称均衡，所以此处取得科技创新成功的概率 p 和遭受科技创新失败的概率 $1-p$ 对所有另外的 $n-1$ 家企业而言都是相同的。

当存在定比科技金融时，第 i 家企业和另外 l 家企业都在 I 型研发项目上取得科技创新成功的概率为：

$$p(\tilde{x}_i + b_1 \tilde{x}_i)\left[C_{n-1}^{l} p^{l} (1 - p)^{n-1-l}\right]$$

其中，$p(\tilde{x}_i + b_1 \tilde{x}_i)$ 是第 i 家企业在 I 型研发项目上取得科技创新成功的概率。由于第 i 家企业在 I 型研发项目上取得科技创新成功的概率既依赖获得的定比科技金融 $b_1 \tilde{x}_i$，又依赖这家企业对 I 型研发项目的自筹研发投入 $\tilde{x}_i$，而这两部分中都包含的 $\tilde{x}_i$ 正是需要加以分析的第 i 家企业的研发投入决策变量，所以为了与另外的 $n-1$

家企业区分开来，此处用 $p(\tilde{x}_i + b_1\tilde{x}_i)$ 突出表现第 i 家企业在 I 型研发项目上取得科技创新成功的概率依赖这家企业做出的自筹研发投入决策 $\tilde{x}_i$ 和定比科技金融 $b_1\tilde{x}_i$。

此时，一共有 $l+1$ 家企业在 I 型研发项目上取得科技创新成功，那么第 i 家企业在 I 型研发项目上获得专利授权的概率为：

$$\frac{p(\tilde{x}_i + b_1\tilde{x}_i)\left[C_{n-1}^l p^l (1-p)^{n-1-l}\right]}{l+1}$$

进而，第 i 家企业在 I 型研发项目上取得科技创新成功并获得专利授权的概率为：

$$p(\tilde{x}_i + b_1\tilde{x}_i)\left[\begin{array}{l} C_{n-1}^0 p^0 (1-p)^{n-1} + \dfrac{C_{n-1}^1 p^1 (1-p)^{n-2}}{2} + \cdots + \\[3mm] \dfrac{C_{n-1}^l p^l (1-p)^{n-1-l}}{l+1} + \cdots + \dfrac{C_{n-1}^{n-1} p^{n-1} (1-p)^0}{n} \end{array}\right]$$

$$= \frac{p(\tilde{x}_i + b_1\tilde{x}_i)}{np}\left[\begin{array}{l} nC_{n-1}^0 p^1 (1-p)^{n-1} + \dfrac{nC_{n-1}^1 p^2 (1-p)^{n-2}}{2} + \cdots + \\[3mm] \dfrac{nC_{n-1}^l p^{l+1} (1-p)^{n-1-l}}{l+1} + \cdots + C_{n-1}^{n-1} p^n (1-p)^0 \end{array}\right]$$

$$= \frac{p(\tilde{x}_i + b_1\tilde{x}_i)}{np}\left[\begin{array}{l} C_n^0 p^0 (1-p)^n + C_n^1 p^1 (1-p)^{n-1} + C_n^2 p^2 (1-p)^{n-2} + \cdots + \\[3mm] C_n^{l+1} p^{l+1} (1-p)^{n-1-l} + \cdots + C_n^n p^n (1-p)^0 - C_n^0 p^0 (1-p)^n \end{array}\right]$$

$$= \frac{p(\tilde{x}_i + b_1\tilde{x}_i)}{np}\left[\sum_{l=0}^{n} C_n^l p^l (1-p)^{n-l} - p^0 (1-p)^n\right]$$

$$= \frac{p(\tilde{x}_i + b_1\tilde{x}_i)}{np}\left[1 - (1-p)^n\right]$$

第 i 家企业预期通过科技创新在 I 型研发项目上获得的净收益为：

$$\pi_{1,i} = \frac{p(\tilde{x}_i + b_1\tilde{x}_i)}{np}\left[1 - (1-p)^n\right]V_1 - \tilde{x}_i$$

其中，V_1 表示 I 型研发项目取得科技创新成功后可以带来的科技创新价值。当第 i 家企业在 Ⅰ 型研发项目上取得科技创新成功并获得专利授权后，科技创新价值 $V_Ⅰ$ 全部归第 i 家企业所有。相应地，自筹研发投入 $\tilde{x}_i$ 是第 i 家企业在 Ⅰ 型研发项目上的投资成本。尽管定比科技金融 $b_Ⅰ \tilde{x}_i$ 也是研发投入，但不计入企业的研发成本。

2. Ⅱ 型研发项目的企业收益

存在另外 l 家企业在 Ⅱ 型研发项目上取得科技创新成功的概率为：

$$C_{n-1}^{l} q^{l} (1-q)^{n-1-l}$$

其中，q 是另外的某家企业在 Ⅱ 型研发项目上取得科技创新成功的概率，$1-q$ 是另外的某家企业在 Ⅱ 型研发项目上遭受科技创新失败的概率。因为模型只分析所有企业做相同研发投入决策的对称均衡，所以此处某家企业在 Ⅱ 型研发项目上取得科技创新成功的概率 q 和遭受科技创新失败的概率 $1-q$ 对另外的所有 $n-1$ 家企业而言是相同的。

当存在定比科技金融时，第 i 家企业和另外 l 家企业共同在 Ⅱ 型研发项目上取得科技创新成功的概率为：

$$q(\tilde{y}_i + b_Ⅱ \tilde{y}_i)[C_{n-1}^{l} q^{l} (1-q)^{n-1-l}]$$

其中，$q(\tilde{y}_i + b_Ⅱ \tilde{y}_i)$ 表示第 i 家企业在 Ⅱ 型研发项目上取得科技创新成功的概率。为了与另外的 $n-1$ 家企业区分开来，此处用 $q(\tilde{y}_i + b_Ⅱ \tilde{y}_i)$ 突出表现第 i 家企业在 Ⅱ 型研发项目上取得科技创新成功的概率依赖这家企业在 Ⅱ 型研发项目上的自筹研发投入 $\tilde{y}_i$ 和定比科技金融 $b_Ⅱ \tilde{y}_i$。在 Ⅱ 型研发项目科技创新成功概率中利用前文得到的等式 $\tilde{y}_i = \dfrac{d - (1+b_Ⅰ) \tilde{x}_i}{1+b_Ⅱ}$，立即得到：

$$q(\tilde{y_i} + b_{II}\tilde{y_i}) = q(d - \tilde{x_i} - b_1\tilde{x_i})$$

所以企业在 II 型研发项目上获得科技创新成功的概率依赖企业在 I 型研发项目上的投资决策。

此时，一共有 $l+1$ 家企业在 II 型研发项目上取得科技创新成功。那么，第 i 家企业在 II 型研发项目上取得科技创新成功并获得专利授权的概率为：

$$\frac{q(d - \tilde{x_i} - b_1\tilde{x_i})\left[C_{n-1}^l q^l (1-q)^{n-1-l}\right]}{l+1}$$

第 i 家企业在 II 型研发项目上取得科技创新成功并获得专利授权的概率为：

$$q(d - \tilde{x_i} - b_1\tilde{x_i})\left[\begin{array}{l} C_{n-1}^0 q^0 (1-q)^{n-1} + \dfrac{C_{n-1}^1 q^1 (1-q)^{n-2}}{2} + \cdots + \\ \dfrac{C_{n-1}^l q^l (1-q)^{n-1-l}}{l+1} + \cdots + \dfrac{C_{n-1}^{n-1} q^{n-1} (1-q)^0}{n} \end{array}\right]$$

$$= \frac{q(d - \tilde{x_i} - b_1\tilde{x_i})}{nq}\left[\begin{array}{l} C_n^0 q^0 (1-q)^n + C_n^1 q^1 (1-q)^{n-1} + C_n^2 q^2 (1-q)^{n-2} + \cdots + \\ C_n^{l+1} q^{l+1} (1-q)^{n-1-l} + \cdots + C_n^n q^n (1-q)^0 - C_n^0 q^0 (1-q)^n \end{array}\right]$$

$$= \frac{q(d - \tilde{x_i} - b_1\tilde{x_i})}{nq}\left[\sum_{l=0}^n C_n^l q^l (1-q)^{n-l} - q^0 (1-q)^n\right]$$

$$= \frac{q(d - \tilde{x_i} - b_1\tilde{x_i})}{nq}\left[1 - (1-q)^n\right]$$

这样，第 i 家企业预期通过科技创新在 II 型研发项目上获得的净收益为：

$$\pi_{II,i} = \frac{q(d - \tilde{x_i} - b_1\tilde{x_i})}{nq}\left[1 - (1-q)^n\right]V_{II} - \tilde{y_i}$$

$$= \frac{q(d - \tilde{x_i} - b_1\tilde{x_i})}{nq}\left[1 - (1-q)^n\right]V_{II} - \frac{d - (1+b_1)\tilde{x_i}}{1+b_{II}}$$

其中，V_{II} 表示 II 型研发项目取得科技创新成功后可以带来的科技创新收益。当第 i 家企业在 II 型研发项目上取得科技创新成功并获得专利授权后，科技创新收益 V_{II} 全部归第 i 家企业所有，而自筹研发投入 $\tilde{y}_i = \dfrac{d - (1 + b_I)\tilde{x}_i}{1 + b_{II}}$ 则是第 i 家企业在 II 型研发项目上的投资成本。尽管定比科技金融 $b_{II}\tilde{y}_i$ 也是研发投入，但不计入企业的研发成本。

二 企业的最大收益决策和市场均衡的存在唯一性

在对称均衡下，第 i 家企业预期在两种类型的研发项目上获得的总净收益为：

$$\pi_i = \pi_{I,i} + \pi_{II,i}$$

$$= \frac{p(\tilde{x}_i + b_I \tilde{x}_i)}{np}[1 - (1 - p)^n]V_I + \frac{q(d - \tilde{x}_i - b_I \tilde{x}_i)}{nq}[1 - (1 - q)^n]V_{II} -$$

$$\frac{d + (b_{II} - b_I)\tilde{x}_i}{1 + b_{II}}$$

其中，$\dfrac{d + (b_{II} - b_I)\tilde{x}_i}{1 + b_{II}} = \tilde{x}_i + \tilde{y}_i$ 是第 i 家企业在给定两种类型研发项目上的总投入资源为 d、定比科技金融分别为 b_I 和 b_{II} 时，在研发项目上投入的自筹研发资源总量。为了最大化企业预期的总净收益 π_i，第 i 家企业需要决策 $\tilde{x}_i$ 的大小。

下面从两个方面分析企业在均衡状态下的决策行为。一方面是企业在两种类型的研发项目上的研发投入决策行为，另一方面是企业选择进入或退出市场的进入退出决策行为。

1. 企业的研发投入决策分析

在对称均衡下，第 i 家企业选择的自筹研发投入应使其收益 π_i 达到最大值，记此自筹研发投入为 $\tilde{x}_{i,*}$，即：

$$\tilde{x}_{i,*} \equiv \max_{\tilde{x}_i} \pi_i$$

那么，企业的自筹研发投入决策 $\tilde{x}_{i,*}$ 需要满足一阶条件：

$$\left.\frac{\partial \pi_i}{\partial \tilde{x}_i}\right|_{\tilde{x}_i = \tilde{x}_{i,*}} = \frac{(1 + b_\mathrm{I}) p'(\tilde{x}_{i,*} + b_\mathrm{I}\tilde{x}_{i,*})}{np}[1 - (1 - p)^n]V_\mathrm{I} -$$

$$\frac{(1 + b_\mathrm{I}) q'(d - \tilde{x}_{i,*} - b_\mathrm{I}\tilde{x}_{i,*})}{nq}[1 - (1 - q)^n]V_\mathrm{II} - \frac{b_\mathrm{II} - b_\mathrm{I}}{1 + b_\mathrm{II}}$$

$$= 0$$

这一条件表明：在给定其他所有 $n-1$ 家企业的研发投入决策不变的前提下，第 i 家企业对 I 型研发项目每多做一个单位的自筹投资会引发多做 b_I 个单位的定比科技金融投资，相当于总共多做 $1 + b_\mathrm{I}$ 个单位的投资，由此所带来的收益增加值 $\dfrac{(1 + b_\mathrm{I}) p'(\tilde{x}_{i,*} + b_\mathrm{I}\tilde{x}_{i,*})}{np}$ $[1 - (1 - p)^n]$ V_I 应等于这家企业对 II 型研发项目总共少做 $1 + b_\mathrm{I}$ 个单位的投资所遭受的收益减少值 $\dfrac{(1 + b_\mathrm{I}) q'(d - \tilde{x}_{i,*} - b_\mathrm{I}\tilde{x}_{i,*})}{nq}$ $[1 - (1 - q)^n]$ V_II 和它在 I 型和 II 型研发项目上多做 $\dfrac{b_\mathrm{II} - b_\mathrm{I}}{1 + b_\mathrm{II}}$ 个单位的自筹投资所承担的成本增加值 $\dfrac{b_\mathrm{II} - b_\mathrm{I}}{1 + b_\mathrm{II}}$ 之和。

因为 $\dfrac{\partial \pi_i}{\partial \tilde{x}_i}$ 是关于第 i 家企业在 I 型研发项目上的自筹研发投入 $\tilde{x}_i$ 的单调递减函数，而且也是关于所有 n 家企业在 I 型研发项目上的研发投入 $\tilde{x}$ 的单调递减函数。所以当市场上企业的数目给定时（例如 $\tilde{n} = \tilde{n}_*$），满足对称均衡条件的企业自筹研发投入决策 $\tilde{x}_*$ 存在且唯一。

2. 企业的进入退出决策分析

对单家企业而言，科技创新成功所能带来的收益的高低受企业数目多少的影响。企业数目越多，单家企业能通过科技创新得到专利授权的可能性就越低，获得的科技创新总净收益也就越少。也就是说，在给定两种类型研发项目的总投入资源为 d、定比科技金融分别为 b_I 和 b_{II} 时，企业数目 $\tilde{n}$ 越大，单家企业预期在两种类型的研发项目上获得的总净收益 π_i 越小。

某家企业进入市场的条件是 $\pi_i > 0$，也就是：

$$\frac{p(\tilde{x_i} + b_1 \tilde{x_i})}{np}[1 - (1-p)^n]V_I + \frac{q(d - \tilde{x_i} - b_1 \tilde{x_i})}{nq} \times$$

$$[1 - (1-q)^n]V_{II} - \frac{(b_{II} - b_1)\tilde{x_i}}{1 + b_{II}} > \frac{d}{1 + b_{II}}$$

某家企业退出市场的条件是 $\pi_i < 0$，也就是：

$$\frac{p(\tilde{x_i} + b_1 \tilde{x_i})}{np}[1 - (1-p)^n]V_I + \frac{q(d - \tilde{x_i} - b_1 \tilde{x_i})}{nq} \times$$

$$[1 - (1-q)^n]V_{II} - \frac{(b_{II} - b_1)\tilde{x_i}}{1 + b_{II}} < \frac{d}{1 + b_{II}}$$

在企业可以自由进入和退出市场的均衡状态下，产业内从事科技创新的企业数目满足 $\pi_i = 0$，即：

$$\frac{p(\tilde{x_i} + b_1 \tilde{x_i})}{np}[1 - (1-p)^n]V_I + \frac{q(d - \tilde{x_i} - b_1 \tilde{x_i})}{nq} \times$$

$$[1 - (1-q)^n]V_{II} - \frac{(b_{II} - b_1)\tilde{x_i}}{1 + b_{II}} = \frac{d}{1 + b_{II}}$$

在对称均衡下，$p(\tilde{x_i} + b_1 \tilde{x_i}) = p$、$q(d - \tilde{x_i} - b_1 \tilde{x_i}) = q$，所以可以计算得到均衡状态下产业内企业的数目 $\tilde{n}_*$ 满足：

$$\tilde{n}_* = (1 + b_{\mathrm{II}}) \frac{[1 - (1 - p)^{\tilde{n}_*}] V_{\mathrm{I}} + [1 - (1 - q)^{\tilde{n}_*}] V_{\mathrm{II}}}{d + (b_{\mathrm{II}} - b_{\mathrm{I}}) \tilde{x}_i}$$

其中，等号右边的分子中含有 $\tilde{n}_*$，分母中含有 $\tilde{x}_i$。

由于单家企业的总净收益 π_i 随着企业数目 $\tilde{n}$ 单调递减，所以当所有企业的自筹研发投入决策给定且对称时（例如 $\tilde{x}_i = \tilde{x}_{i,*}$），只要假设研发项目取得科技创新成功后带来的价值之和 $V_{\mathrm{I}} + V_{\mathrm{II}}$ 充分大，那么就可以知道产业内满足自由进入和退出条件的企业数目 $\tilde{n}_*$ 存在且唯一。而且，企业数目 $\tilde{n}_*$ 依赖企业的自筹研发资源数量 $\tilde{x}_i + \tilde{y}_i$，也就依赖定比科技金融 b_{I} 和 b_{II}。

3. 市场均衡的存在唯一性

根据上面对企业研发投入决策行为的分析和对企业进入退出决策行为的分析，可以利用压缩映像原理证明在包含定比科技金融的科技创新扩展模型中，对称的市场均衡存在且唯一。准确地说，假设两种类型的研发项目取得科技创新成功后带来的价值之和 $V_{\mathrm{I}} + V_{\mathrm{II}}$ 充分大，那么包含定比科技金融的科技创新扩展模型的对称均衡 $(\tilde{x}_*, \tilde{n}_*)$ 存在且唯一。

三 特例：定比科技金融与定额科技金融的对等情形

在上面的讨论中，无论是从决策分析过程上看还是从对称均衡结果上看，包含定比科技金融的科技创新扩展模型同包含定额科技金融的科技创新扩展模型都有很大的相似性。为了说明这种相似性，可以利用一个特例把两个扩展模型连通起来。

特例3：令企业在 I 型研发项目上可以得到的定比科技金融比例 b_{I} 等于它在 II 型研发项目上可以得到的定比科技金融比例 b_{II}，即 $b_{\mathrm{I}} = b_{\mathrm{II}} = b$。那么，此时包含定比科技金融的科技创新扩展模型等价于包含定额科技金融的科技创新扩展模型。

证明：当 $b_{\mathrm{I}} = b_{\mathrm{II}} = b$ 时，企业在 I 型和 II 型研发项目上的自筹投资总金额是恒定不变的：

$$\bar{d} = \bar{x}_i + \bar{y}_i = \frac{d}{1+b}$$

这相当于在包含定额科技金融的科技创新扩展模型中，企业在 I 型研发项目上可以得到的定额科技金融 s_{I} 和它在 II 型研发项目上可以得到的定额科技金融 s_{II} 满足如下关系：

$$s_{\mathrm{I}} + s_{\mathrm{II}} = \frac{db}{1+b}$$

此时直接计算就得到：

$$\tilde{d} = \frac{d}{1+b} = d - s_{\mathrm{I}} - s_{\mathrm{II}} = \bar{d}$$

而且，在包含定比科技金融的科技创新扩展模型中，当 $b_{\mathrm{I}} = b_{\mathrm{II}} = b$ 时，企业在 I 型研发项目上每增加一个单位的自筹投资就等价于它在 II 型研发项目上减少一个单位的自筹投资。这和企业在包含定额科技金融的科技创新扩展模型中的决策约束条件是一样的。

具体来看，当 $b_{\mathrm{I}} = b_{\mathrm{II}} = b$ 时，在包含定比科技金融的科技创新扩展模型中，企业预期在两种类型的研发项目上获得的总净收益为：

$$\pi_i = \pi_{\mathrm{I},i} + \pi_{\mathrm{II},i}$$
$$= \frac{p(\bar{x}_i + b\bar{x}_i)}{np}[1 - (1-p)^n]V_{\mathrm{I}} + \frac{q(d - \bar{x}_i - b\bar{x}_i)}{nq}[1 - (1-q)^n]V_{\mathrm{II}} - \frac{d}{1+b}$$

企业的自筹研发投入决策 $\tilde{x}_{i,*}$ 需要满足的一阶条件为：

$$\left.\frac{\partial \pi_i}{\partial \bar{x}_i}\right|_{\bar{x}_i = \bar{x}_{i,*}} = \frac{(1+b)p'(\bar{x}_{i,*} + b\bar{x}_{i,*})}{np}[1 - (1-p)^n]V_{\mathrm{I}} -$$
$$\frac{(1+b)q'(d - \bar{x}_{i,*} - b\bar{x}_{i,*})}{nq}[1 - (1-q)^n]V_{\mathrm{II}} = 0$$

这个一阶条件等价于：

$$p'(\bar{x}_{i,*} + b\bar{x}_{i,*}) \frac{[1 - (1 - p)^n] V_I}{p} = q'(d - \bar{x}_{i,*} - b\bar{x}_{i,*}) \frac{[1 - (1 - q)^n] V_{II}}{q}$$

当 $s_I + s_{II} = \dfrac{db}{1 + b}$ 时，在包含定额科技金融的科技创新扩展模型中，企业预期在两种类型的研发项目上获得的总净收益为：

$$\pi_i = \pi_{I,i} + \pi_{II,i}$$

$$= \frac{p(\bar{x}_i + s_I)}{np} [1 - (1 - p)^n] V_I + \frac{q(d - \bar{x}_i + s_{II})}{nq} [1 - (1 - q)^n] V_{II} - \frac{d}{1 + b}$$

$$= \frac{p(\bar{x}_i + s_I)}{np} [1 - (1 - p)^n] V_I + \frac{q(d - \bar{x}_i - s_I)}{nq} [1 - (1 - q)^n] V_{II} - \frac{d}{1 + b}$$

企业的自筹研发投入决策 $\bar{x}_{i,*}$ 需要满足的一阶条件为：

$$\frac{\partial \pi_i}{\partial \bar{x}_i} \Big|_{\bar{x}_i = \bar{x}_{i,*}} = \frac{p'(\bar{x}_{i,*} + s_I)}{np} [1 - (1 - p)^n] V_I - \frac{q'(d - \bar{x}_i - s_I)}{nq} [1 - (1 - q)^n] V_{II} = 0$$

这个一阶条件等价于：

$$p'(\bar{x}_{i,*} + s_I) \frac{[1 - (1 - p)^n] V_I}{p} = q'(d - \bar{x}_i - s_I) \frac{[1 - (1 - q)^n] V_{II}}{q}$$

在包含定比科技金融的科技创新扩展模型中，企业决策自筹研发投入 $\bar{x}_{i,*}$ 的行为等价于选择包含定比科技金融的研发投入 $\bar{x}_{i,*} + b\bar{x}_{i,*}$ 的行为。在包含定额科技金融的科技创新扩展模型中，企业决策自筹研发投入 $\bar{x}_{i,*}$ 的行为等价于选择包含定额科技金融的研发投入 $\bar{x}_{i,*} + s_I$ 的行为。所以，对比两个一阶条件可以知道，$x = \bar{x}_{i,*} + b\bar{x}_{i,*}$ 和 $x = \bar{x}_{i,*} + s_I$ 都满足同一个方程式：

$$p'(x) \frac{[1 - (1 - p)^n] V_I}{p} = q'(d - x) \frac{[1 - (1 - q)^n] V_{II}}{q}$$

这也就说明了当 $b_{\mathrm{I}} = b_{\mathrm{II}} = b$ 时，从企业决策自筹研发投入的角度看，包含定比科技金融的科技创新扩展模型等同于包含定额科技金融的科技创新扩展模型。

再看企业的进入退出决策。当 $b_{\mathrm{I}} = b_{\mathrm{II}} = b$ 时，在包含定比科技金融的科技创新扩展模型中，产业内从事科技创新的企业数目满足 $\pi_i = 0$，即：

$$\frac{1}{n}[1 - (1-p)^n]V_{\mathrm{I}} + \frac{1}{n}[1 - (1-q)^n]V_{\mathrm{II}} = \frac{d}{1+b}$$

当 $s_{\mathrm{I}} + s_{\mathrm{II}} = \dfrac{db}{1+b}$ 时，在包含定额科技金融的科技创新扩展模型中，产业内从事科技创新的企业数目满足 $\pi_i = 0$，即：

$$\frac{1}{n}[1 - (1-p)^n]V_{\mathrm{I}} + \frac{1}{n}[1 - (1-q)^n]V_{\mathrm{II}} = \frac{d}{1+b}$$

因为这两个方程式是一样的，所以当 $b_{\mathrm{I}} = b_{\mathrm{II}} = b$ 时，从企业决策进入退出的角度看，包含定比科技金融的科技创新扩展模型也等同于包含定额科技金融的科技创新扩展模型。这样就证明了特例3可以把包含定比科技金融的科技创新扩展模型和包含定额科技金融的科技创新扩展模型连通起来。

从另一方面看，上面的过程也说明当企业在 I 型研发项目上可以得到的定比科技金融比例 b_{I} 不同于它在 II 型研发项目上可以得到的定比科技金融比例 b_{II} 时，即当 $b_{\mathrm{I}} \neq b_{\mathrm{II}}$ 时，包含定比科技金融的科技创新扩展模型中的企业决策会不同于包含定额科技金融的科技创新扩展模型中的企业决策。

四 对不同风险程度的研发项目的应用分析

为了考察当 $b_{\mathrm{I}} \neq b_{\mathrm{II}}$ 时，包含定比科技金融的科技创新扩展模型中的企业决策有哪些特性，下面以不同风险程度的研发项目作为应用分析对象。如前，令Ⅰ型研发项目代表低风险的研发项目，Ⅱ型研发项目代表高风险的研发项目。为了平衡研发项目的风险程度与科技创新成功带来的价值水平之间的关系，假设 $p(x)=\mu q(x)$ 和 $V_{\mathrm{II}}=\mu V_{\mathrm{I}}$。

其中，$\mu>1$ 是度量两种类型的研发项目之间的风险差异的参数：研发项目间的风险差异越大，μ 的值越大。

在对两种类型的研发项目投放相同资源的情况下，尽管Ⅰ型研发项目比Ⅱ型研发项目更容易取得科技创新成功，即Ⅰ型研发项目是低风险的研发项目，Ⅱ型研发项目是高风险的研发项目，但是Ⅰ型研发项目取得科技创新成功带来的价值低于Ⅱ型研发项目取得科技创新成功带来的价值，而且，它们之间还保持一种期望上的收益平衡关系：

$$p(x)V_{\mathrm{I}} = q(x)V_{\mathrm{II}}$$

为了简化分析，令每家企业都在研发项目上投入总量为 $d=1$ 的研发资源以满足实验室建设等固定投资需要。因此，每家企业在研发项目上投入的自筹研发资源总量为：

$$\bar{d} = \bar{x}_i + \bar{y}_i = \bar{x}_i + \frac{d-(1+b_{\mathrm{I}})\bar{x}_i}{1+b_{\mathrm{II}}} = \frac{1+(b_{\mathrm{II}}-b_{\mathrm{I}})\bar{x}_i}{1+b_{\mathrm{II}}}$$

这一简化并不影响分析的过程和主要结果。

1. 企业的次优研发投入决策分析

利用前面设定的风险和价值关系，单个企业的研发投入决策方程变为：

$$\frac{(1+b_{\mathrm{I}})\mu q'(\bar{x}_{i,*}+b_{\mathrm{I}}\bar{x}_{i,*})}{n\mu q(\bar{x}_{j,*}+b_{\mathrm{I}}\bar{x}_{j,*})}\{1-[1-\mu q(\bar{x}_{j,*}+b_{\mathrm{I}}\bar{x}_{j,*})]^{\tilde{n}}\}V_{\mathrm{I}}$$

$$= \frac{(1+b_{\mathrm{I}})q'(1-\bar{x}_{i,*}-b_{\mathrm{I}}\bar{x}_{i,*})}{nq(1-\bar{x}_{j,*}-b_{\mathrm{I}}\bar{x}_{j,*})}\{1-[1-q(1-\bar{x}_{j,*}-b_{\mathrm{I}}\bar{x}_{j,*})]^{\tilde{n}}\}\mu V_{\mathrm{I}}+\frac{b_{\mathrm{II}}-b_{\mathrm{I}}}{1+b_{\mathrm{II}}}$$

这一研发投入决策方程式可简化为：

$$\frac{q'(\bar{x}_{i,\cdot} + b_1 \bar{x}_{i,\cdot})}{q(\bar{x}_{j,\cdot} + b_1 \bar{x}_{j,\cdot})}\{1 - [1 - \mu q(\bar{x}_{j,\cdot} + b_1 \bar{x}_{j,\cdot})]^{\bar{n}}\}$$

$$= \mu \frac{q'(1 - \bar{x}_{i,\cdot} - b_1 \bar{x}_{i,\cdot})}{q(1 - \bar{x}_{j,\cdot} - b_1 \bar{x}_{j,\cdot})}\{1 - [1 - q(1 - \bar{x}_{j,\cdot} - b_1 \bar{x}_{j,\cdot})]^{\bar{n}}\} + \frac{(b_{\mathrm{II}} - b_1)\bar{n}}{(1 + b_1)(1 + b_{\mathrm{II}})V_1}$$

如前，此处的 $q(x)$ 是高风险研发项目在研发投入为 x 时取得科技创新成功的概率，它是研发投入 x 的严格递增函数和连续二阶可微函数，而且满足 $q(0) = 0$ 和严格凹性条件。严格递增性质即是说 $q'(x) > 0$。严格凹性条件即是说 $q''(x) < 0$。

通过比较上面的研发投入决策方程式和基本模型中的研发投入决策方程式（3-10）可以知道，除了企业数目符号 n 换为 $\bar{n}$ 以外，等号的右边还多了一项 $\dfrac{(b_{\mathrm{II}} - b_{\mathrm{I}})\bar{n}}{(1 + b_{\mathrm{I}})(1 + b_{\mathrm{II}})V_{\mathrm{I}}}$。

正如特例 3 中提到的，如果企业在 I 型研发项目上可以得到的定比科技金融比例 b_{I} 等于它在 II 型研发项目上可以得到的定比科技金融比例 b_{II}，即 $b_{\mathrm{I}} = b_{\mathrm{II}} = b$，那么上面的研发投入决策方程式与包含定额科技金融的科技创新扩展模型中的研发投入决策方程式是一样的。归根结底，这是因为上面的研发投入决策方程式等号右边的最后一项不起作用。

（1）$b_{\mathrm{I}} > b_{\mathrm{II}}$ 的情形

如果企业在 I 型研发项目上可以得到的定比科技金融比例 b_{I} 大于它在 II 型研发项目上可以得到的定比科技金融比例 b_{II}，即 $b_{\mathrm{I}} > b_{\mathrm{II}}$，那么上面的研发投入决策方程式等号右边的最后一项起作用。

此时，$\dfrac{(b_{\mathrm{II}} - b_{\mathrm{I}})\bar{n}}{(1 + b_{\mathrm{I}})(1 + b_{\mathrm{II}})V_{\mathrm{I}}} < 0$，可得：

$$\frac{q'(\tilde{x}_{i,*}+b_1\tilde{x}_{i,*})}{q(\tilde{x}_{j,*}+b_1\tilde{x}_{j,*})}\{1-[1-\mu q(\tilde{x}_{j,*}+b_1\tilde{x}_{j,*})]^{\tilde{n}}\}$$

$$<\mu\frac{q'(1-\tilde{x}_{i,*}-b_1\tilde{x}_{i,*})}{q(1-\tilde{x}_{j,*}-b_1\tilde{x}_{j,*})}\{1-[1-q(1-\tilde{x}_{j,*}-b_1\tilde{x}_{j,*})]^{\tilde{n}}\}$$

即：

$$\frac{q'(\tilde{x}_{i,*}+b_1\tilde{x}_{i,*})}{q'(1-\tilde{x}_{i,*}-b_1\tilde{x}_{i,*})}<\mu\frac{1-[1-q(1-\tilde{x}_{j,*}-b_1\tilde{x}_{j,*})]^{\tilde{n}}}{1-[1-\mu q(\tilde{x}_{j,*}+b_1\tilde{x}_{j,*})]^{\tilde{n}}}\times\frac{q(\tilde{x}_{j,*}+b_1\tilde{x}_{j,*})}{q(1-\tilde{x}_{j,*}-b_1\tilde{x}_{j,*})}$$

基本模型中单个企业的研发投入决策方程为：

$$\frac{q'(x_{i,*})}{q'(1-x_{i,*})}=\mu\frac{1-[1-q(1-x_{j,*})]^{n}}{1-[1-\mu q(x_{j,*})]^{n}}\times\frac{q(x_{j,*})}{q(1-x_{j,*})}$$

因为 $q(x)$ 满足严格递增性质和严格凹性条件，即是说 $q'(x)>0$ 和 $q''(x)<0$。所以把上面两式做对比可以知道，如果 $b_1>b_{\text{II}}$，那么 $\tilde{x}_{i,*}+b_1\tilde{x}_{i,*}>x_{i,*}$。这说明当企业在 I 型研发项目上可以得到的定比科技金融比例 b_1 大于它在 II 型研发项目上可以得到的定比科技金融比例 b_{II} 时，企业在 I 型研发项目上的研发投入水平要高于其在没有科技金融时在 I 型研发项目上的研发投入水平。

（2）$b_{\text{I}}<b_{\text{II}}$ 的情形

如果企业在 I 型研发项目上可以得到的定比科技金融比例 b_{I} 小于它在 II 型研发项目上可以得到的定比科技金融比例 b_{II}，即 $b_{\text{I}}<b_{\text{II}}$，那么前述研发投入决策方程式等号右边的最后一项 $\frac{(b_{\text{II}}-b_{\text{I}})\tilde{n}}{(1+b_{\text{I}})(1+b_{\text{II}})V_{\text{I}}}>0$。这意味着根据前述研发投入决策方程式可得出如下不等式：

$$\frac{q'(\tilde{x}_{i,*} + b_1\tilde{x}_{i,*})}{q(\tilde{x}_{j,*} + b_1\tilde{x}_{j,*})}\{1 - [1 - \mu q(\tilde{x}_{j,*} + b_1\tilde{x}_{j,*})]^n\}$$

$$> \mu \frac{q'(1 - \tilde{x}_{i,*} - b_1\tilde{x}_{i,*})}{q(1 - \tilde{x}_{j,*} - b_1\tilde{x}_{j,*})}\{1 - [1 - q(1 - \tilde{x}_{j,*} - b_1\tilde{x}_{j,*})]^n\}$$

即：

$$\frac{q'(\tilde{x}_{i,*} + b_1\tilde{x}_{i,*})}{q'(1 - \tilde{x}_{i,*} - b_1\tilde{x}_{i,*})} > \mu\frac{1 - [1 - q(1 - \tilde{x}_{j,*} - b_1\tilde{x}_{j,*})]^n}{1 - [1 - \mu q(\tilde{x}_{j,*} + b_1\tilde{x}_{j,*})]^n} \times \frac{q(\tilde{x}_{j,*} + b_1\tilde{x}_{j,*})}{q(1 - \tilde{x}_{j,*} - b_1\tilde{x}_{j,*})}$$

基本模型中单个企业的研发投入决策方程为：

$$\frac{q'(x_{i,*})}{q'(1 - x_{i,*})} = \mu\frac{1 - [1 - q(1 - x_{j,*})]^n}{1 - [1 - \mu q(x_{j,*})]^n} \times \frac{q(x_{j,*})}{q(1 - x_{j,*})}$$

把上面两式做对比可以知道，如果 $b_{\mathrm{I}} < b_{\mathrm{II}}$，那么 $\tilde{x}_{i,*} + b_1\tilde{x}_{i,*} < x_{i,*}$。这说明当企业在 I 型研发项目上可以得到的定比科技金融比例 b_1 小于它在 II 型研发项目上可以得到的定比科技金融比例 b_{II} 时，企业在 I 型研发项目上的研发投入水平要低于其在没有科技金融时在 I 型研发项目上的研发投入水平。

（3）综合讨论：挤出效应和扭曲效应

如果不考虑企业数目的变化，那么定比科技金融会对企业的自筹研发资源产生两种效应，一种是挤出效应（或替代效应），另一种是扭曲效应（或变形效应）。定比科技金融对研发项目的成比例的专项投入意味着企业在同一研发项目上自筹投入的研发资源会减少，因此形成挤出效应：定比科技金融的成比例专项投入越多，对企业的自筹投入形成的挤出效应越强，企业自筹投入的研发资源就越少。

尽管定比科技金融的挤出效应并不能直接改变企业在研发资源投放时所做的厌恶风险的决策，但是定比科技金融的另一种效应——扭曲效应可以改变企业在研发资源投放时所做的厌恶风险的决策。

当定比科技金融对不同研发项目的专项投入比例相同时，企业在各个研发项目上自筹投入的研发资源和包含定比科技金融在内投入的总研发资源不会发生比例上的扭曲。因此，企业在研发资源投放上做出的决策仍是厌恶风险的。

但是，当定比科技金融对不同研发项目的专项投入比例不同时，企业在各个研发项目上自筹投入的研发资源和包含定比科技金融在内投入的总研发资源就会发生比例上的扭曲。尤其，企业会选择在享有高定比科技金融的研发项目上自筹投入更多的研发资源，从而获得更多的定比科技金融，这就导致企业在高定比科技金融的研发项目上投入的总研发资源也更多，因此形成扭曲效应，使定比科技金融改变企业在研发资源投放时所做的厌恶风险的决策成为可能。

这样，综合上面对 $b_I > b_{II}$ 与 $b_I < b_{II}$ 两种情形的分析、对挤出效应和扭曲效应的讨论和特例3中对 $b_I = b_{II}$ 的细致考察以及第三章基本模型的次优和最优研发投入的比较结果（定理3），可以得到如下关于企业在获得定比科技金融时的次优研发投入决策的比较结果。

推论7：在包含定比科技金融的科技创新扩展模型中，如果企业在 I 型研发项目上得到的定比科技金融比例 b_I 大于它在 II 型研发项目上得到的定比科技金融比例 b_{II}，即 $b_I > b_{II}$，那么企业对低风险研发项目的次优研发投入是严重过度的，大大超过决策层对低风险研发项目的最优研发投入水平，即：

$$\tilde{x}_{i,*} + b_I \tilde{x}_{i,*} > x_{i,*} > x_W$$

如果企业在 I 型研发项目上得到的定比科技金融比例 b_I 等于它在 II 型研发项目上得到的定比科技金融比例 b_{II}，即 $b_I = b_{II}$，那么企业对低风险研发项目的次优研发投入仍旧是过度的，超过决策层对低风险研发项目的最优研发投入水平，即：

$$\tilde{x}_{i,*} + b_I \tilde{x}_{i,*} = x_{i,*} > x_W$$

如果企业在 I 型研发项目上得到的定比科技金融比例 b_I 小于它在 II 型研发项目上得到的定比科技金融比例 b_{II}，即 $b_I < b_{II}$，那么企业对低风险研发项目的次优研发投入是适度减少的，可以接近决策层对低风险研发项目的最优研发投入水平，即：

$$x_{i,*} > \tilde{x}_{i,*} + b_I \tilde{x}_{i,*} > x_W \text{ 或 } x_{i,*} > x_W > \tilde{x}_{i,*} + b_I \tilde{x}_{i,*}$$

2. 企业的自由进入退出决策分析

接下来分析在企业可以自由进入和退出市场的条件下均衡的企业数目 $\tilde{n}_*$。根据推论6，在包含定比科技金融的科技创新扩展模型中，仅考虑扭曲效应改善企业在研发资源投放时所做的厌恶风险的决策情形，即仅考虑 $b_I < b_{II}$ 的情形：企业在 I 型研发项目上得到的定比科技金融比例小于它在 II 型研发项目上得到的定比科技金融比例。并且为了简单起见，令 $b_I = 0$。

根据上文的分析，在企业可以自由进入和退出市场的均衡状态下，产业内从事科技创新的企业数目 $\tilde{n}$ 满足：

$$\frac{p(\tilde{x}_i)}{\tilde{n}p}[1 - (1-p)^{\tilde{n}}]V_I + \frac{q(d - \tilde{x}_i)}{\tilde{n}q}[1 - (1-q)^{\tilde{n}}]V_{II} - \frac{b_{II}\tilde{x}_i}{1 + b_{II}} = \frac{d}{1 + b_{II}}$$

其中已经代入 $b_I = 0$。该式可以改写为：

$$\frac{p(\tilde{x}_i)}{\tilde{n}p}[1 - (1-p)^{\tilde{n}}]V_I + \frac{q(d - \tilde{x}_i)}{\tilde{n}q}[1 - (1-q)^{\tilde{n}}]V_{II} = \frac{d + b_{II}\tilde{x}_i}{1 + b_{II}}$$

因为 $\tilde{x}_i < d$，所以上面方程式的等号右边满足：

$$\frac{d + b_{II}\tilde{x}_i}{1 + b_{II}} < \frac{d + b_{II}d}{1 + b_{II}} = d$$

基本模型中 n 满足的均衡方程为：

$$\frac{p(x_i)}{np}[1 - (1-p)^{n}]V_I + \frac{q(d - x_i)}{nq}[1 - (1-q)^{n}]V_{II} = d$$

对比可以看到 $\tilde{n}_*$ 和 n_* 满足的均衡方程中只有一点差别，那就是前者 $\tilde{n}$ 家企业面临的临界成本依赖投入 $\tilde{x}_i$，可以记为 $\tilde{d}(\tilde{x}_i)$。后者 n 家企业面临的临界成本为 $d=1$，前者的临界成本小于后者：

$$\tilde{d}(\tilde{x}_i) < d = 1$$

因为低临界成本意味着只要获得较低的临界收益企业就能在产业中生存下来，所以在其他条件不变的前提下，临界成本为 $\tilde{d}(\tilde{x}_i)$ 时会有更多的企业进入产业。这样由于定比科技金融降低了企业自筹的研发成本，所以引入定比科技金融导致企业数目更加偏离决策层的最优要求。再利用第三章基本模型的次优和最优企业数目比较结果（定理4）可以得到如下关于 $\tilde{n}_*$、n_* 和 n_W 大小关系的结果。

推论8：假设 $V_{\mathrm{I}} + V_{\mathrm{II}}$ 充分大，那么在包含定比科技金融的科技创新扩展模型中，企业自发的次优企业数目是过度的，超过决策层对企业数目的最优选择，即：

$$n_W < n_* < \tilde{n}_*$$

五 定比科技金融对科技创新的影响

尽管如特例3所证明的满足 $b_{\mathrm{I}} = b_{\mathrm{II}} > 0$ 的定比科技金融对企业科技创新决策的影响可以视为等同于定额科技金融，但是推论7和推论8表明满足 $b_{\mathrm{I}} \neq b_{\mathrm{II}}$ 的定比科技金融对企业科技创新决策的影响与定额科技金融不完全相同。下面的理论分析将会表明：当企业获得 $b_{\mathrm{I}} \neq b_{\mathrm{II}}$ 的定比科技金融时，一共有挤出效应、扭曲效应和改变产业内的企业数目等三种途径影响企业的科技创新决策；尤其在 $b_{\mathrm{I}} < b_{\mathrm{II}}$ 时，定比科技金融会通过扭曲效应和改变产业内的企业数目使企业增加对高风险类型研发项目的自筹资金投入，改善企业原本厌恶风险的决策结果。

首先，定比科技金融影响企业科技创新的挤出效应和改变产业内的企业数目的途径与定额科技金融影响企业科技创新的挤出效应和改变产业内的企业数目的内在作用机理是一样的。因为存在科技金融的支持，企业会减少科研资源的自筹部分，这是定比科技金融和定额科技金融都具有的对企业自筹科研资金的挤出效应。接着，因为挤出效应帮助企业降低了研发投资的成本，所以产业内享受科技金融、从事科技创新的企业数目会多于没有科技金融时从事科技创新的企业数目，更会多于决策层要求的最优企业数目，这是定比科技金融和定额科技金融都具有的造成市场竞争过度激烈的、改变产业内的企业数目的影响途径。

但是，当企业获得 $b_I \neq b_{II}$ 的定比科技金融时，定比科技金融会改变企业在不同类型研发项目上的自筹资金边际收益。尤其，当企业获得 $b_I < b_{II}$ 的定比科技金融时，定比科技金融会改变企业厌恶风险的决策模式。简单起见，令 $b_I = 0$ 和 $b_{II} > 0$。满足 $b_I = 0$ 和 $b_{II} > 0$ 的定比科技金融会以 $1 + b_{II}$ 的倍数提高企业在高风险类型研发项目上的自筹资金边际收益，但不会改变企业在低风险类型研发项目上的自筹资金边际收益。因此，企业会做出增加高风险类型研发项目的自筹资金投入的决策，也就提高了高风险类型研发项目的总投入资金，从而扭曲了企业原本厌恶风险的决策结果。这是定比科技金融具有的但定额科技金融没有的影响企业科技创新的扭曲效应：当存在 $b_I < b_{II}$ 的定比科技金融时，定比科技金融会使企业增加对高风险类型研发项目的自筹资金投入，导致高风险类型研发项目上的总投入接近决策层要求的最优研发投入水平。

定比科技金融改变产业内的企业数目的途径也影响企业在不同类型研发项目上所做的研发资源投入决策。当产业内增加的企业带来更加激烈的竞争后，单个企业面临更多的企业在产业中进行科技创新和更激烈的专利授权竞争。这个企业基于增加获得专利授权机会的考虑，会尽量避免和其他企业共同取得科技创新成功的情况发生，也就会减少在低风险类型研发项目上的科研资源投入，增加在高风险类型研发项目上的科研资源投入。这也有助于纠正企业原本厌恶风险的投资决策模式。

按照上述分析，定比科技金融影响企业科技创新的挤出效应、扭曲效应和改变产业内的企业数目的途径共同起作用，尤其当存在 $b_I < b_{II}$ 的定比科技金融时，利用推论 7 和推论 8 的结果，得到如下定理。

定理 6：假设 $V_I + V_{II}$ 充分大，在包含 $b_I < b_{II}$ 的定比科技金融的科技创新扩展模型中，定比科技金融会改善企业对低风险研发项目和高风险研发项目的次优研发投入 $\tilde{x}_{i,*} + b_I \tilde{x}_{i,*}$ 和 $\tilde{y}_i + b_{II} \tilde{y}_i$，使它们接近决策层要求的最优研发投入水平。当 $b_{II} - b_I > 0$ 且比较小的时候，$\tilde{x}_{i,*} + b_I \tilde{x}_{i,*}$ 接近但大于 x_W，即：

$$x_{i,*} > \tilde{x}_{i,*} + b_I \tilde{x}_{i,*} > x_W$$

当 $b_{II} - b_I > 0$ 且比较大的时候，$\tilde{x}_{i,*} + b_I \tilde{x}_{i,*}$ 接近但小于 x_W，即：

$$x_{i,*} > x_W > \tilde{x}_{i,*} + b_I \tilde{x}_{i,*}$$

在包含 $b_I < b_{II}$ 的定比科技金融的科技创新扩展模型中企业自发的次优企业数目 $\tilde{n}_*$ 是过度的：$\tilde{n}_*$ 不仅超出决策层要求的最优企业数目 n_W，而且超出没有科技金融的科技创新基本模型中企业自发的次优企业数目 n_*，即：

$$n_W < n_* < \tilde{n}_*$$

证明：以包含定比科技金融的科技创新扩展模型为考察对象，以基本模型的均衡（$x_{i,*}$，n_*）为分析起点。简单起见，令 $b_I = 0$

和 $b_{II} > 0$。首先，在给定 $\tilde{n} = n_*$ 时，扩展模型中的企业数目与基本模型中的企业数目相同，企业在低风险类型研发项目上的研发资源投放满足以下决策方程：

$$\frac{q'(\tilde{x}_{i,*})}{q(\tilde{x}_{j,*})}\{1 - [1 - \mu q(\tilde{x}_{j,*})]^{n_*}\}$$

$$= \mu \frac{q'(1 - \tilde{x}_{i,*})}{q(1 - \tilde{x}_{j,*})}\{1 - [1 - q(1 - \tilde{x}_{j,*})]^{\tilde{n}}\} + \frac{b_{II} n_*}{(1 + b_{II}) V_I}$$

此研发投入决策方程式是基本模型中的研发投入决策方程式（3-10）在等号右边增加了一个正项 $\dfrac{b_{II} n_*}{(1 + b_{II}) V_I}$。如果企业在 I 型研发项目上的投入水平处在基本模型的均衡 $\tilde{x}_{i,*} = x_{i,*}$ 处，那么决策方程不会被满足——等号左边小于右边。因此，企业要调整研发投入水平使得等号左边变大。因为 $q(x)$ 满足严格递增性质和严格凹性条件，即是说 $q'(x) > 0$ 和 $q''(x) < 0$，所以，企业降低在 I 型研发项目上的投入水平会增加 $q'(\tilde{x}_{i,*})$、降低 $q'(1 - \tilde{x}_{i,*})$，从而使决策方程达到平衡。这就证明了 $\tilde{x}_{i,*} = \tilde{x}_{i,*} + b_I \tilde{x}_{i,*} < x_{i,*}$。另外，随着 $b_{II} > 0$ 从小变大，企业对 I 型研发项目投入的降低幅度也从小变大：当 $b_{II} > 0$ 且比较小的时候，$x_{i,*} > \tilde{x}_{i,*} = \tilde{x}_{i,*} + b_I \tilde{x}_{i,*} > x_W$；当 $b_{II} > 0$ 且比较大的时候，$x_{i,*} > x_W > \tilde{x}_{i,*} = \tilde{x}_{i,*} + b_I \tilde{x}_{i,*}$。

然后，企业在 I 型研发项目上的投入水平处在基本模型的均衡 $\tilde{x}_{i,*} = x_{i,*}$ 处，在包含定比科技金融的扩展模型中产业内企业的数目 $\tilde{n}_*$ 满足：

$$\frac{p(x_{i,*})}{\tilde{n}_* p}[1 - (1 - p)^{\tilde{n}_*}] V_I + \frac{q(d - x_{i,*})}{\tilde{n}_* q}[1 - (1 - q)^{\tilde{n}_*}] V_{II}$$

$$= \frac{d + b_{II} x_{i,*}}{1 + b_{II}} < \frac{d + b_{II} d}{1 + b_{II}} = d$$

其中的小于号成立是因为 $x_{i,*} < d$。而基本模型中产业内企业的数目 n_* 满足：

$$\frac{p(x_{i,*})}{n_* p}[1 - (1 - p)^{n \cdot}]V_{\mathrm{I}} + \frac{q(d - x_{i,*})}{n_* q}[1 - (1 - q)^{n \cdot}]V_{\mathrm{II}} = d$$

所以可得：

$$\frac{[1 - (1 - p)^{\tilde{n} \cdot}]V_{\mathrm{I}} + [1 - (1 - q)^{\tilde{n} \cdot}]V_{\mathrm{II}}}{\tilde{n}_*} < \frac{[1 - (1 - p)^{n \cdot}]V_{\mathrm{I}} + [1 - (1 - q)^{n \cdot}]V_{\mathrm{II}}}{n_*}$$

在第三章第三节第二部分的推论证明中已经知道 $[1 - (1 - p)^n]/n$ 和 $[1 - (1 - q)^n]/n$ 都随 n 单调递减，那么形如 $\dfrac{[1 - (1 - p)^n]V_{\mathrm{I}} + [1 - (1 - q)^n]V_{\mathrm{II}}}{n}$ 的函数也随 n 单调递减。因此可以知道 $\tilde{n}_* > n_*$。这样就完成了定理 6 的证明。

以上定理的结果说明，存在通过定比科技金融的扭曲效应和改变产业内的企业数目的途径来矫正企业厌恶风险的研发投入决策模式的内在机制。首先，引入 $b_{\mathrm{I}} < b_{\mathrm{II}}$ 的定比科技金融后，企业会在高定比的高风险类型的研发项目上投入更多自筹资金。因此，企业增加了高风险类型研发项目上包含定比科技金融的总投放资源，这有助于矫正企业在没有科技金融时做出的厌恶风险的研发投入决策。而且，由于存在定比科技金融的支持，研发项目固定投资门槛下降，企业自筹的研发资源减少。这意味着企业的科技创新成本下降，会吸引更多企业开展科技创新，改变产业内的企业数目。更多企业开展科技创新导致单个企业要尽量避免和其他企业在同一个类型的研发项目上发生专利授权申请的直接竞争，因而单个企业会转而增加在高风险类型研发项目上的科研资源投入，同时降低在低风险类型研发项目上的科研资源投入。定比科技金融增加产业内企业数目的途径也有助于矫正企业在没有科技金融时做出的厌恶风险的研发投入决策。

但是，尽管能通过引入定比科技金融来矫正企业厌恶风险的研发投入决策，却并不能使产业内企业数目达到决策层要求的最优企业数目。其实，由于定比科技金融降低了企业的固定投资门槛，会有更多企业涌入产业中，导致企业之间的科技创新竞争更加激烈，专利授权竞争的负外部性更大。也就是说，社会以定比科技金融的方式支付巨大研发投入成本，导致企业的进入退出行为更加偏离决策层要求的最优企业数目水平，使得企业过度进入产业，产业中发生极端激烈的竞争。

根据本节的理论结果和上面的机制分析，可以得到如下结论。

如果政府为加快实施创新驱动发展战略而采用定比科技金融的政策手段的话，需要采取措施同步限制产业内企业数目的快速增加。

一方面，政府可以以定比科技金融的政策手段尤其是对高风险类型研发项目的高定比科技金融支持引导企业加大对高风险研发项目的资源投入。此时，既有扭曲效应起作用又有改变产业内企业数目的途径起作用。这样做的代价是定比科技金融引致过多的企业进入市场，使得社会成本大大增加，产业内竞争过度激烈。所以，尽管定比科技金融的政策手段可以矫正企业在达到市场均衡时做出的厌恶风险的研发投入决策，但是必须要借助其他措施同步限制产业内出现过多获得科技金融支持的企业。

另一方面，政府可以只为少数研发创新的龙头企业提供定比科技金融，同时采取有效措施淘汰科技创新能力不强的企业，以此减少产业内因企业间的负外部性而引起的恶性竞争。这样做的主要依据是，科技创新能力强的企业更有可能在高风险类型研发项目上取得成功。因此，对创新能力不强的企业而言，在定比科技金融支持下开展高风险类型的研发项目是不值得鼓励的，这些企业更应在低风险类型研发项目上积累科技创新能力。因此，直接限制获得高风险高定比科技金融的企业数目的措施可以引导创新能力强的企业加大对高风险研发项目的投入，达到决策层的最优目标。

　　总的来看，本节的理论分析表明，以定比科技金融的政策手段支持科技创新的方式是具有可行性的。尽管存在社会成本巨大或引发产业内企业间过度竞争的负面效应，但是可以通过只为少数研发创新的龙头企业提供定比科技金融，同时采取有效措施淘汰科技创新能力不强的企业的方式限制产业内获得定比科技金融的企业数目的快速增加。因此，以定比科技金融的政策手段支持科技创新并且限制获得定比科技金融的企业数目，能够克服产业内企业间追逐专利授权的竞争负外部性，有利于长期的创新和提高社会福利，所以可以建议政府为加快实施创新驱动发展战略而采用定比科技金融的政策手段。

第四节　科技奖励金融与科技创新

　　如前，假定每家企业都在研发上投入总量为 d 的资源以满足实验室建设等固定投资需要，并且企业可以将它的研发资源投放到两种类型——Ⅰ型和Ⅱ型的研发项目上去。

　　此时模型中存在科技奖励。在企业做研发资源投入决策时，研发项目本身并不会获得科技金融，只有当研发项目取得科技创新成功并获得专利授权后，企业才能获得与科技创新成果相应的奖励性质的科技金融。也就是说，企业可以从政府或金融部门处无成本地获得一定金额的科技奖励。此处，科技奖励的金额是固定的，是奖励性质的，与研发的固定投资数额之间没有直接关系。具体地说，企业在Ⅰ型研发项目上取得专利授权可以得到金额为 $r_{\mathrm{I}} \geq 0$ 的奖励，在Ⅱ型研发项目上取得专利授权可以得到金额为 $r_{\mathrm{II}} \geq 0$ 的奖励。

　　由于科技奖励只在研发项目成功并取得专利授权后才起作用，所以企业自筹的研发资金投放总量不变，仍旧是实验室建设等固定

投资 d。假定第 i 家企业在 Ⅰ 型研发项目上投入的研发资源为 x_i，在 Ⅱ 型研发项目上投入的研发资源为 $d-x_i$。此时，第 i 家企业在 Ⅰ 型研发项目上取得科技创新成功的概率为 $p(x_i)$，遭受科技创新失败的概率为 $1-p(x_i)$；在 Ⅱ 型研发项目上取得科技创新成功的概率为 $q(d-x_i)$，遭受科技创新失败的概率为 $1-q(d-x_i)$。

如前，因为模型中所有的企业都有完全相同的内外部条件，所以在下面的分析中只考虑所有企业做完全相同研发决策的对称均衡 (x_*,n_*)，其中 x_* 代表对称均衡下每家企业在 Ⅰ 型研发项目上投入的资源，n_* 代表对称均衡下市场上从事科技创新的企业数目。

一 单一类型研发项目的企业收益

需要根据企业在两种类型的研发项目上的研发投入计算企业获得的科技创新收益。

1. Ⅰ 型研发项目的企业收益

存在另外 l 家企业和第 i 家企业共同在 Ⅰ 型研发项目上取得科技创新成功的概率为：

$$C_{n-1}^l p^l (1-p)^{n-1-l}$$

其中，p 是另外的某家企业在 Ⅰ 型研发项目上取得科技创新成功的概率，$1-p$ 是另外的某家企业在 Ⅰ 型研发项目上遭受科技创新失败的概率。因为模型考虑的是所有 n 家企业的对称均衡，所以此处取得科技创新成功的概率 p 和遭受科技创新失败的概率 $1-p$ 对所有另外的 $n-1$ 家企业而言都是相同的。

第 i 家企业和另外 l 家企业都在 Ⅰ 型研发项目上取得科技创新成功的概率为：

$$p(x_i)\left[\, C_{n-1}^{l} p^{l} (1-p)^{n-1-l} \,\right]$$

其中，$p(x_i)$ 是第 i 家企业在 I 型研发项目上取得科技创新成功的概率。由于第 i 家企业在 I 型研发项目上取得科技创新成功的概率依赖这家企业对 I 型研发项目的研发投入 x_i，而 x_i 正是需要加以分析的第 i 家企业的研发投入决策变量，所以为了与另外的 $n-1$ 家企业区分开来，此处用 $p(x_i)$ 突出表现第 i 家企业在 I 型研发项目上取得科技创新成功的概率依赖这家企业做出的研发投入决策 x_i。

此时，一共有 $l+1$ 家企业在 I 型研发项目上取得科技创新成功，那么第 i 家企业在 I 型研发项目上获得专利授权的概率为：

$$\frac{p(x_i)\left[\, C_{n-1}^{l} p^{l} (1-p)^{n-1-l} \,\right]}{l+1}$$

进而，第 i 家企业在 I 型研发项目上取得科技创新成功并获得专利授权的概率为：

$$p(x_i)\left[\begin{array}{l} C_{n-1}^{0} p^{0}(1-p)^{n-1} + \dfrac{C_{n-1}^{1} p^{1}(1-p)^{n-2}}{2} + \cdots + \\ \dfrac{C_{n-1}^{l} p^{l}(1-p)^{n-1-l}}{l+1} + \cdots + \dfrac{C_{n-1}^{n-1} p^{n-1}(1-p)^{0}}{n} \end{array}\right]$$

$$= \frac{p(x_i)}{np}\left[\begin{array}{l} C_{n}^{0} p^{0}(1-p)^{n} + C_{n}^{1} p^{1}(1-p)^{n-1} + C_{n}^{2} p^{2}(1-p)^{n-2} + \cdots + \\ C_{n}^{l+1} p^{l+1}(1-p)^{n-1-l} + \cdots + C_{n}^{n} p^{n}(1-p)^{0} - C_{n}^{0} p^{0}(1-p)^{n} \end{array}\right]$$

$$= \frac{p(x_i)}{np}\left[\, \sum_{i=0}^{n} C_{n}^{l} p^{l}(1-p)^{n-l} - p^{0}(1-p)^{n} \,\right]$$

$$= \frac{p(x_i)}{np}\left[\, 1 - (1-p)^{n} \,\right]$$

第 i 家企业预期通过科技创新在 I 型研发项目上获得的净收益为：

$$\pi_{1,i} = \frac{p(x_i)}{np}[1-(1-p)^n](V_1+r_1)-x_i$$

其中，V_1 表示 Ⅰ 型研发项目取得科技创新成功后可以带来的科技创新收益，r_1 表示 Ⅰ 型研发项目取得科技创新成功后可以带来的科技奖励。当第 i 家企业在 Ⅰ 型研发项目上取得科技创新成功并获得专利授权后，科技创新价值 V_1 和科技奖励 r_1 全部归第 i 家企业所有。相应地，研发投入 x_i 是第 i 家企业在 Ⅰ 型研发项目上的投资成本。

2. Ⅱ 型研发项目的企业收益

存在另外 l 家企业在 Ⅱ 型研发项目上取得科技创新成功的概率为：

$$C_{n-1}^l q^l (1-q)^{n-1-l}$$

其中，q 是另外的某家企业在 Ⅱ 型研发项目上取得科技创新成功的概率，$1-q$ 是另外的某家企业在 Ⅱ 型研发项目上遭受科技创新失败的概率。因为模型只分析所有企业做相同研发投入决策的对称均衡，所以此处某家企业在 Ⅱ 型研发项目上取得科技创新成功的概率 q 和遭受科技创新失败的概率 $1-q$ 对另外的所有 $n-1$ 家企业而言是相同的。

此时，第 i 家企业和另外 l 家企业共同在 Ⅱ 型研发项目上取得科技创新成功的概率为：

$$q(d-x_i)[C_{n-1}^l q^l (1-q)^{n-1-l}]$$

其中，$q(d-x_i)$ 表示第 i 家企业在 Ⅱ 型研发项目上取得科技创新成功的概率。为了与另外的 $n-1$ 家企业区分开来，此处用 $q(d-x_i)$ 突出表现第 i 家企业在 Ⅱ 型研发项目上取得科技创新成功的概率依赖它在 Ⅱ 型研发项目上的研发投入 $d-x_i$。

接着，一共有 $l+1$ 家企业在 Ⅱ 型研发项目上取得科技创新成功。那么，第 i 家企业在 Ⅱ 型研发项目上取得科技创新成功并获得专利授权的概率为：

$$\frac{q(d-x_i)\left[C_{n-1}^l q^l (1-q)^{n-1-l}\right]}{l+1}$$

第 i 家企业在 Ⅱ 型研发项目上取得科技创新成功并获得专利授权的概率为：

$$q(d-x_i)\left[\begin{array}{l} C_{n-1}^0 q^0 (1-q)^{n-1} + \dfrac{C_{n-1}^1 q^1 (1-q)^{n-2}}{2} + \cdots + \\ \dfrac{C_{n-1}^l q^l (1-q)^{n-1-l}}{l+1} + \cdots + \dfrac{C_{n-1}^{n-1} q^{n-1} (1-q)^0}{n} \end{array}\right]$$

$$= \frac{q(d-x_i)}{nq}\left[\begin{array}{l} C_n^0 q^0 (1-q)^n + C_n^1 q^1 (1-q)^{n-1} + C_n^2 q^2 (1-q)^{n-2} + \cdots + \\ C_n^{l+1} q^{l+1} (1-q)^{n-1-l} + \cdots + C_n^n q^n (1-q)^0 - C_n^0 q^0 (1-q)^n \end{array}\right]$$

$$= \frac{q(d-x_i)}{nq}\left[1 - (1-q)^n\right]$$

这样，第 i 家企业预期通过科技创新在 Ⅱ 型研发项目上获得的净收益为：

$$\pi_{\text{Ⅱ},i} = \frac{q(d-x_i)}{nq}\left[1 - (1-q)^n\right](V_{\text{Ⅱ}} + r_{\text{Ⅱ}}) - (d-x_i)$$

其中，$V_{\text{Ⅱ}}$ 表示 Ⅱ 型研发项目取得科技创新成功后可以带来的科技创新收益，$r_{\text{Ⅱ}}$ 表示 Ⅱ 型研发项目取得科技创新成功后可以带来的科技奖励。当第 i 家企业在 Ⅱ 型研发项目上取得科技创新成功并获得专利授权后，科技创新收益 $V_{\text{Ⅱ}}$ 和科技奖励 $r_{\text{Ⅱ}}$ 全部归第 i 家企业所有，而研发投入 $d-x_i$ 则是第 i 家企业在 Ⅱ 型研发项目上的投资成本。

二 企业的最大收益决策和市场均衡的存在唯一性

在对称均衡下，第 i 家企业预期在两种类型的研发项目上获得的总净收益为：

$$\pi_i = \pi_{\mathrm{I},i} + \pi_{\mathrm{II},i}$$

$$= \frac{p(x_i)}{np}[1-(1-p)^n](V_{\mathrm{I}}+r_{\mathrm{I}}) + \frac{q(d-x_i)}{nq}[1-(1-q)^n](V_{\mathrm{II}}+r_{\mathrm{II}}) - d$$

其中，x_i 是第 i 家企业在给定两种类型研发项目上的总投入资源为 d 时最大化 π_i 需要决策的变量。

下面从两个方面分析企业在均衡状态下的决策行为。一方面是企业在两种类型的研发项目上的研发投入决策行为，另一方面是企业选择进入或退出市场的进入退出决策行为。

1. 企业的研发投入决策分析

在对称均衡下，第 i 家企业选择的研发投入应使其收益 π_i 达到最大值，记此研发投入为 $\hat{x}_{i,*}$，即：

$$\hat{x}_{i,*} \equiv \max_{x_i} \pi_i$$

那么，企业的研发投入决策 $\hat{x}_{i,*}$ 需要满足以下一阶条件：

$$\frac{\partial \pi_i}{\partial \hat{x}_i}\bigg|_{\hat{x}_i=\hat{x}_{i,*}} = \frac{p'(\hat{x}_{i,*})}{np}[1-(1-p)^n](V_{\mathrm{I}}+r_{\mathrm{I}}) -$$

$$\frac{q'(d-\hat{x}_{i,*})}{nq}[1-(1-q)^n](V_{\mathrm{II}}+r_{\mathrm{II}}) = 0$$

这一条件是说：在给定其他所有 $n-1$ 家企业的研发投入决策不变的前提下，第 i 家企业对 I 型研发项目每多做一个单位的投资所带来的收益增加值 $\frac{p'(\hat{x}_{i,*})}{np}[1-(1-p)^n](V_{\mathrm{I}}+r_{\mathrm{I}})$ 应等于这家企业对 II 型研发项目少做一个单位的投资所遭受的收益减少值 $\frac{q'(d-\hat{x}_{i,*})}{nq}[1-(1-q)^n](V_{\mathrm{II}}+r_{\mathrm{II}})$。

因为在给定科技奖励 r_{I} 和 r_{II} 后，$\dfrac{\partial \pi_i}{\partial x_i}$ 是关于第 i 家企业在 I 型研发项目上的研发投入 x_i 的单调递减函数，也是关于所有 n 家企业在 I 型研发项目上的研发投入 x 的单调递减函数，所以当市场上企业的数目给定时（例如 $n = n_*$），满足对称均衡条件的企业研发投入决策 x_* 存在且唯一。

2. 企业的进入退出决策分析

对单家企业而言，科技创新成功所能带来的收益的高低受企业数目多少的影响。企业数目越多，单家企业能通过科技创新得到专利授权的可能性就越低，获得的科技创新总净收益也就越少。也就是说，在给定两种类型研发项目的总投入资源为 d、科技奖励分别为 r_{I} 和 r_{II} 时，企业数目 n 越多，单家企业预期在两种类型的研发项目上获得的总净收益 π_i 越小。

某家企业进入市场的条件是 $\pi_i > 0$，也就是：

$$\frac{p(x_i)}{np}[1-(1-p)^n](V_{\mathrm{I}}+r_{\mathrm{I}}) + \frac{q(d-x_i)}{nq}[1-(1-q)^n](V_{\mathrm{II}}+r_{\mathrm{II}}) > d$$

某家企业退出市场的条件是 $\pi_i < 0$，也就是：

$$\frac{p(x_i)}{np}[1-(1-p)^n](V_{\mathrm{I}}+r_{\mathrm{I}}) + \frac{q(d-x_i)}{nq}[1-(1-q)^n](V_{\mathrm{II}}+r_{\mathrm{II}}) < d$$

在企业可以自由进入和退出市场的均衡状态下，产业内从事科技创新的企业数目满足 $\pi_i = 0$，即：

$$\frac{p(x_i)}{n_* p}[1-(1-p)^{n_*}](V_{\mathrm{I}}+r_{\mathrm{I}}) + \frac{q(d-x_i)}{n_* q}[1-(1-q)^{n_*}](V_{\mathrm{II}}+r_{\mathrm{II}}) = d$$

在对称均衡下，$p(x_i)=p$、$q(d-x_i)=q$，所以可以计算得到均衡状态下产业内企业的数目 n_* 满足：

$$n_* = \frac{[1 - (1-p)^{n_*}](V_{\mathrm{I}} + r_{\mathrm{I}}) + [1 - (1-q)^{n_*}](V_{\mathrm{II}} + r_{\mathrm{II}})}{d}$$

其中，等号右边的分子中含有 n_*。

由于单家企业的总净收益 π_i 随着企业数目 n 单调递减，所以当所有企业的自筹研发投入决策给定且对称时（例如 $x_i = x_*$），只要假设研发项目取得科技创新成功后带来的价值之和 $V_{\mathrm{I}} + V_{\mathrm{II}}$ 或者科技奖励之和 $r_{\mathrm{I}} + r_{\mathrm{II}}$ 充分大，那么就可以知道产业内满足自由进入和退出条件的企业数目 n_* 存在且唯一。而且，企业数目 n_* 依赖科技奖励 r_{I} 和 r_{II}。

3. 市场均衡的存在唯一性

根据上面对企业研发投入决策行为的分析和对企业进入退出决策行为的分析，可以利用压缩映像原理证明在包含科技奖励的科技创新扩展模型中，对称的市场均衡存在且唯一。准确地说，假设两种类型的研发项目取得科技创新成功后带来的价值之和 $V_{\mathrm{I}} + V_{\mathrm{II}}$ 或者科技奖励之和 $r_{\mathrm{I}} + r_{\mathrm{II}}$ 充分大，那么包含科技奖励的科技创新扩展模型的对称均衡 (x_*, n_*) 存在且唯一。

三 对不同风险程度的研发项目的应用分析

如前，令 I 型研发项目代表低风险的研发项目，II 型研发项目代表高风险的研发项目。为了平衡研发项目的风险程度与科技创新成功带来的价值水平之间的关系，假设 $p(x) = \mu q(x)$ 和 $V_{\mathrm{II}} = \mu V_{\mathrm{I}}$。其中，$\mu > 1$ 是度量两种类型的研发项目之间的风险差异的参数：研发项目间的风险差异越大，μ 的值越大。

在对两种类型的研发项目投放相同资源的情况下，尽管 I 型研发项目比Ⅱ型研发项目更容易取得科技创新成功，即Ⅰ型研发项目是低风险的研发项目，Ⅱ型研发项目是高风险的研发项目，但是Ⅰ型研发项目取得科技创新成功带来的价值低于Ⅱ型研发项目取得科技创新成功带来的价值，而且，它们之间还保持一种期望上的收益平衡关系：

$$p(x)V_{\mathrm{I}} = q(x)V_{\mathrm{II}}$$

为了简化分析，令每家企业都在研发项目上投入总量为 $d=1$ 的研发资源以满足实验室建设等固定投资需要。这一简化并不影响分析的过程和主要结果。

1. 企业的次优研发投入决策分析

利用前面设定的风险和价值关系，单个企业的研发投入决策方程变为：

$$\frac{\mu q'(x_{i,*})}{\mu q(x_{j,*})}\{1 - [1 - \mu q(x_{j,*})]^n\}(V_{\mathrm{I}} + r_{\mathrm{I}}) = \frac{q'(1 - x_{i,*})}{q(1 - x_{j,*})} \times$$

$$\{1 - [1 - q(1 - x_{j,*})]^n\}(\mu V_{\mathrm{I}} + r_{\mathrm{II}}),$$

$$\frac{q'(x_{i,*})}{q'(1 - x_{i,*})} = \frac{\mu V_{\mathrm{I}} + r_{\mathrm{II}}}{V_{\mathrm{I}} + r_{\mathrm{I}}} \times \frac{1 - [1 - q(1 - x_{j,*})]^n}{1 - [1 - \mu q(x_{j,*})]^n} \times \frac{q(x_{j,*})}{q(1 - x_{j,*})}$$

如前，此处的 $q(x)$ 是高风险的研发项目在研发投入为 x 时取得科技创新成功的概率，它是研发投入 x 的严格递增函数和连续二阶可微函数，而且满足 $q(0)=0$ 和严格凹性条件。严格递增性质即是说 $q'(x) > 0$。严格凹性条件即是说 $q''(x) < 0$。

通过比较上面的研发投入决策方程式和基本模型中的研发投入决策方程式（3-10）可以知道，如果企业在Ⅱ型研发项目上得到的科技奖励恰好是在Ⅰ型研发项目上得到的科技奖励的 μ 倍，即 $r_{\mathrm{II}} = \mu r_{\mathrm{I}}$，那么除了企业数目符号 n 换成 n 以外，只要企业选择 $x_{i,*} = x_{i,*}$

的投入就能得到此处的方程式和式（3 - 10）是完全一样的。按照这一思路，如果令 $\hat{\mu} = \dfrac{\mu V_{\mathrm{I}} + r_{\mathrm{II}}}{V_{\mathrm{I}} + r_{\mathrm{I}}}$，那么可得：

$$\frac{q'(\hat{x}_{i,*})}{q'(1 - \hat{x}_{i,*})} = \frac{\hat{\mu}}{\mu} \times \mu \times \frac{1 - [1 - q(1 - \hat{x}_{j,*})]^{\hat{n}}}{1 - [1 - \mu q(\hat{x}_{j,*})]^{\hat{n}}} \times \frac{q(\hat{x}_{j,*})}{q(1 - \hat{x}_{j,*})}$$

把企业数目符号 n 换成 $\hat{n}$，把企业研发投入决策符号 $x_{i,*}$ 换成 $\hat{x}_{i,*}$，就知此时方程式和式（3 - 10）只差等号右边的常数因子 $\dfrac{\hat{\mu}}{\mu}$。这样就自然得到如下关于企业的次优研发投入决策的结果。

推论 9：在包含科技奖励的科技创新扩展模型中，令 $\hat{\mu} = \dfrac{\mu V_{\mathrm{I}} + r_{\mathrm{II}}}{V_{\mathrm{I}} + r_{\mathrm{I}}}$，那么每家企业对低风险研发项目的研发投入决策 $\hat{x}_{i,*}$ 存在，且随着 $\hat{\mu}$ 递减，即 $\hat{x}_{i,*}$ 随着企业在高风险类型研发项目上得到的科技奖励 r_{II} 的提高而减少。假若 r_{II} 恰好是企业在低风险类型研发项目上得到的科技奖励 r_{I} 的 μ 倍，即 $r_{\mathrm{II}} = \mu r_{\mathrm{I}}$，那么 $\hat{x}_{i,*}$ 同没有科技金融的科技创新基本模型中企业对低风险研发项目的研发投入决策 $x_{i,*}$ 相等，即：

$$\hat{x}_{i,*} = x_{i,*} < \frac{1}{2}$$

证明：首先，当企业在高风险类型研发项目上得到的科技奖励 r_{II} 恰好是企业在低风险类型研发项目上得到的科技奖励 r_{I} 的 μ 倍时，$\hat{\mu} = \mu$。因而，包含科技奖励的科技创新扩展模型中企业的研发投入决策方程式变为：

$$\frac{q'(\hat{x}_{i,*})}{q'(1 - \hat{x}_{i,*})} = \mu \frac{1 - [1 - q(1 - \hat{x}_{j,*})]^{\hat{n}}}{1 - [1 - \mu q(\hat{x}_{j,*})]^{\hat{n}}} \times \frac{q(\hat{x}_{j,*})}{q(1 - \hat{x}_{j,*})}$$

基本模型的研发投入决策方程式（3-10）为：

$$\frac{q'(x_{i,*})}{q'(1-x_{i,*})} = \mu \frac{1-[1-q(1-x_{j,*})]^n}{1-[1-\mu q(x_{j,*})]^n} \times \frac{q(x_{j,*})}{q(1-x_{j,*})}$$

除了企业数目符号 n 和 $\hat{n}$、研发投入决策符号 $x_{i,*}$ 和 $\hat{x}_{i,*}$ 以外，两个方程式相同，因此 $\hat{x}_{i,*}$ 同基本模型中的 $x_{i,*}$ 相等且满足定理1。

当 $\frac{\hat{\mu}}{\mu} \neq 1$ 时，包含科技奖励的科技创新扩展模型中企业的研发投入决策方程式为：

$$\frac{q'(\hat{x}_{i,*})}{q'(1-\hat{x}_{i,*})} = \frac{\hat{\mu}}{\mu} \times \mu \times \frac{1-[1-q(1-\hat{x}_{j,*})]^n}{1-[1-\mu q(\hat{x}_{j,*})]^n} \times \frac{q(\hat{x}_{j,*})}{q(1-\hat{x}_{j,*})}$$

如果 $\frac{\hat{\mu}}{\mu} > 1$，那么同基本模型的研发投入决策方程式相比，等号左边变大但右边变小，这意味着 $q'(\hat{x}_{i,*}) > q'(x_{i,*})$ 和

$$\frac{1-[1-q(1-\hat{x}_{j,*})]^n}{1-[1-\mu q(\hat{x}_{j,*})]^n} \times \frac{q(\hat{x}_{j,*})}{q(1-\hat{x}_{j,*})} < \frac{1-[1-q(1-x_{j,*})]^n}{1-[1-\mu q(x_{j,*})]^n} \times \frac{q(x_{j,*})}{q(1-x_{j,*})}$$

。因为 $q(x)$ 满足严格递增性质和严格凹性条件，即是说 $q'(x) > 0$ 和 $q''(x) < 0$，所以上面两个不等式的直接结果是 $\hat{x}_{i,*} < x_{i,*}$，而且 $\frac{\hat{\mu}}{\mu}$ 越大，$\frac{\hat{x}_{i,*}}{x_{i,*}}$ 越小。

反之，如果 $\frac{\hat{\mu}}{\mu} < 1$，那么同基本模型的研发投入决策方程式相比，等号左边变小而右边变大，这意味着 $q'(\hat{x}_{i,*}) < q'(x_{i,*})$ 和

$$\frac{1-[1-q(1-\hat{x}_{j,*})]^n}{1-[1-\mu q(\hat{x}_{j,*})]^n} \times \frac{q(\hat{x}_{j,*})}{q(1-\hat{x}_{j,*})} > \frac{1-[1-q(1-x_{j,*})]^n}{1-[1-\mu q(x_{j,*})]^n} \times$$

$\dfrac{q\ (x_{j,*})}{q\ (1-x_{j,*})}$。上面两个不等式的直接结果是 $\hat{x}_{i,*} > x_{i,*}$，而且 $\dfrac{\hat{\mu}}{\mu}$ 越

小，$\dfrac{\hat{x}_{i,*}}{x_{i,*}}$ 越大。

因此，从单家企业的角度看，当面临科技奖励时，企业通过科技创新得到的期望收益因科技奖励而发生变化，这样就带来了研发投入决策上的变化。每家企业对低风险研发项目的研发投入决策 $\hat{x}_{i,*}$ 随着企业在高风险研发项目上得到的科技奖励 r_{II} 的提高而减少。

以上推论的结果表明，在引入科技奖励后，如果不考虑企业数目的变化，那么科技奖励对企业的研发投入决策会产生扭曲效应（或变形效应）：对高风险类型研发项目的科技奖励激励企业降低对低风险类型研发项目的研发资源投入。换句话说，当面临高风险类型研发项目的科技奖励提高时，企业通过科技创新从高风险类型研发项目上得到的期望收益也提高，这样就导致企业在高风险类型研发项目上投入更多的研发资源。所以，引入科技奖励后带来的科技研发决策扭曲效应有助于改变企业在研发资源投放时所做的厌恶风险的决策。

2. 企业的自由进入退出决策分析

接下来分析在企业可以自由进入和退出市场的条件下均衡的企业数目 $\hat{n}_*$。利用前面的推导，均衡状态下产业内企业的数目 $\hat{n}_*$ 满足：

$$\hat{n}_* = \frac{[1-(1-p)^{\hat{n}_*}](V_{\text{I}}+r_{\text{I}}) + [1-(1-q)^{\hat{n}_*}](V_{\text{II}}+r_{\text{II}})}{d}$$

可以看到 $\hat{n}_*$ 和 n_* 满足的均衡方程中的差别是前者 $\hat{n}_*$ 家企业获得专利授权后的低风险和高风险两种类型的研发项目的价值回报为 $V_{\text{I}}+r_{\text{I}}$ 和 $V_{\text{II}}+r_{\text{II}}$，分别高于后者 n 家企业获得专利授权后的低风险

和高风险两种类型的研发项目的价值回报 V_I 和 V_{II}。高价值回报意味着对企业的吸引力更大，会有更多企业在产业中从事科技创新。因此，在其他条件不变的前提下，面临科技奖励时会有更多的企业进入产业。这样就得到如下关于企业自由进入退出决策的结果。

推论10：假设 $V_I + V_{II}$ 或者 $r_I + r_{II}$ 充分大，那么在包含科技奖励的科技创新扩展模型中，市场自发地对企业数目的次优选择 $\overset{\wedge}{n_*}$ 存在。而且，同没有科技金融的科技创新基本模型中的企业数目 n_* 相比，$\overset{\wedge}{n_*}$ 满足 $n_* < \overset{\wedge}{n_*}$。

证明：从单家企业的角度看，它在面临科技奖励的科技创新时的研发投资总成本 d 是不变的，那么它在决策是否进入或退出产业时，只需关注科技创新成功能够带来的价值回报，而无须关注研发投入成本。

由于存在科技奖励 r_I 和 r_{II}，所以即便企业数目已经达到了没有科技金融的科技创新基本模型中的均衡企业数目 n_*，仍旧有以下不等式成立：

$$\frac{[1 - (1 - p)^{n_*}](V_I + r_I) + [1 - (1 - q)^{n_*}](V_{II} + r_{II})}{d} > n_*$$

随着企业数目的继续增加，因为对很大的 n_* 而言，$(1 - p)^{n_*}$ 和 $(1 - q)^{n_*}$ 接近于零，因此上述不等式左边受 n_* 的影响 $1 - (1 - p)^{n_*}$ 和 $1 - (1 - q)^{n_*}$ 增长放缓，然而右边 n_* 本身继续以线性的速度增长。因此，企业数目增加会使得上述不等式左右两边逐渐平衡成为等式。这就证明了在有科技奖励时必定会有更多企业进入产业从事科技创新，即 $n_* < \overset{\wedge}{n_*}$。

这一推论表明同前面两节的定额科技金融、定比科技金融一样，科技奖励可以改变企业数目，准确地说是增加产业内从事科技创新的企业数目。定额科技金融和定比科技金融降低了企业自筹的研发成本，所以引入定额科技金融或定比科技金融会增加产业内从事科技创新的企业数目，导致企业数目更加偏离决策层的最优要求。但是，科技奖励的影响机制与前两节的定额科技金融、定比科技金融不同。科技奖励虽然没有降低企业的研发投入成本，但是提高了企业在获得专利授权后可以实现的价值增值，那么也会吸引更多企业进入产业从事科技创新。此时，企业数目也更加偏离决策层的最优要求：

$$n_* > n_* > n_W$$

四　科技奖励对科技创新的影响

前面的理论分析表明，当企业获得科技奖励的时候，一方面，在面对不同大小的科技奖励时，企业会增加科技奖励更大的一方的科技研发投入，产生直接改变企业在不同类型研发项目上的研发投入决策的扭曲效应。尤其，当面临高风险类型的研发项目和低风险类型的研发项目时，如果高风险类型研发项目获得的科技奖励更多，那么企业会增加在高风险类型研发项目上的科研资源投入，从而改变企业原本厌恶风险的决策模式。此时，企业对低风险类型研发项目的投入会接近决策层要求的最优研发投入。另一方面，尽管科技奖励不能帮助企业降低研发投入的进入门槛，但会因科技奖励的引入而提高企业在获得专利授权后可以实现的价值增值，这给企业进入产业从事科技创新带来了激励。因此，包含科技奖励的产业中的企业数目会多于没有科技金融时从事科技创新的企业数目，更加高于决策层要求的最优企业数目。

上述两方面因素存在共同作用。科技奖励不仅通过扭曲效应直接改变企业在研发资源投入上的决策，即如果在高风险类型的研发项目上得到的科技奖励更多，那么企业会减少在低风险类型的研发项目上的科研资源投入，而且当企业数目增加后，科技奖励也会间接改变企业在研发资源投入上所做的决策。当面临更多的企业在产业中进行科技创新并面临更激烈的专利授权竞争时，单个企业基于增加获得专利授权机会的考虑，会尽量避免和其他企业共同取得科技创新成功的情况发生，也就会减少在低风险类型的研发项目上的科研资源投入，增加在高风险类型的研发项目上的科研资源投入。

按照如上思路，利用推论 9 和推论 10 的结果，可以得到定理 7。

定理 7：假设 $V_{\mathrm{I}}+V_{\mathrm{II}}$ 或者 $r_{\mathrm{I}}+r_{\mathrm{II}}$ 充分大，在包含 $r_{\mathrm{II}}V_{\mathrm{I}}>V_{\mathrm{II}}r_{\mathrm{I}}$ 的科技奖励的科技创新扩展模型中，科技奖励会改变企业对低风险研发项目和高风险研发项目的次优研发投入 $\hat{x}_{i,*}$ 和 $d-\hat{x}_{i,*}$，使它们接近决策层要求的最优研发投入水平。当 $r_{\mathrm{II}}V_{\mathrm{I}}-V_{\mathrm{II}}r_{\mathrm{I}}>0$ 且比较小的时候，$\hat{x}_{i,*}$ 接近但大于 x_W，即 $x_{i,*}>\hat{x}_{i,*}>x_W$；当 $r_{\mathrm{II}}V_{\mathrm{I}}-V_{\mathrm{II}}r_{\mathrm{I}}>0$ 且比较大的时候，$\hat{x}_{i,*}$ 接近但小于 x_W，即 $x_{i,*}>x_W>\hat{x}_{i,*}$。

在包含 $r_{\mathrm{II}}V_{\mathrm{I}}>V_{\mathrm{II}}r_{\mathrm{I}}$ 的科技奖励的科技创新扩展模型中，企业自发的次优企业数目 $\hat{n}_*$ 是过度的：$\hat{n}_*$ 不仅超出决策层要求的最优企业数目 n_W，而且超出没有科技金融的科技创新基本模型中企业自发的次优企业数目 n_*，即 $n_W<n_*<\hat{n}_*$。

证明：以包含科技奖励的科技创新扩展模型为考察对象，以基本模型的均衡 $(x_{i,*}, n_*)$ 为分析起点。简单起见，令企业在低风险类型的研发项目上可以得到的科技创新奖励为零，在高风险类型的研发项目上可以得到的科技创新奖励为正，即 $r_{\mathrm{I}}=0$ 和 $r_{\mathrm{II}}>0$。

首先，在给定 $n=n_*$ 时，扩展模型中的企业数目与基本模型中的企业数目相同，企业在低风险类型研发项目上的研发资源投入满足以下决策方程：

$$\frac{q'(\hat{x}_{i,*})}{q'(1-\hat{x}_{i,*})}=\frac{\hat{\mu}}{\mu}\times\mu\times\frac{1-[1-q(1-\hat{x}_{j,*})]^n}{1-[1-\mu q(\hat{x}_{j,*})]^n}\times\frac{q(\hat{x}_{j,*})}{q(1-\hat{x}_{j,*})}$$

其中，$\mu = \dfrac{\mu V_{\mathrm{I}} + r_{\mathrm{II}}}{V_{\mathrm{I}} + r_{\mathrm{I}}} = \dfrac{\mu V_{\mathrm{I}} + r_{\mathrm{II}}}{V_{\mathrm{I}}} > \mu$。

此研发投入决策方程式是基本模型中的研发投入决策方程式（3-10）在等号右边乘了一个大于 1 的因子 $\dfrac{\mu}{\mu}$。

如果企业在低风险类型研发项目上的投入水平处在基本模型的均衡 $x_{i,*} = x_{i,*}$ 处，那么决策方程不会被满足，因为等号左边小于右边。因此，企业要调整研发投入水平使得等号左边变大。因为 $q(x)$ 满足严格递增性质和严格凹性条件，即是说 $q'(x) > 0$ 和 $q''(x) < 0$，所以企业应降低在低风险类型研发项目上的投入 $x_{i,*} < x_{i,*}$ 来增加 $q'(x_{i,*})$、降低 $q'(1 - x_{i,*})$，从而使等号左边变大，同时使等号右边变小，这样决策方程就会达到平衡。这就证明了 $x_{i,*} < x_{i,*}$。另外，随着 $r_{\mathrm{II}} > 0$ 从小变大，企业对低风险类型研发项目投入的降低幅度也从小变大：当 $r_{\mathrm{II}} > 0$ 且比较小的时候，$x_{i,*} > x_{i,*} > x_W$；当 $r_{\mathrm{II}} > 0$ 且比较大的时候，$x_{i,*} > x_W > x_{i,*}$。

然后，企业在低风险类型研发项目上的投入水平处在基本模型的均衡 $x_{i,*} = x_{i,*}$ 处，在包含科技奖励的扩展模型中产业内企业的数目 n_* 满足：

$$\frac{p(x_i)}{n_* p}[1 - (1-p)^n \cdot]V_{\mathrm{I}} + \frac{q(d - x_i)}{n_* q}[1 - (1-q)^n \cdot](V_{\mathrm{II}} + r_{\mathrm{II}}) = d$$

而基本模型中产业内企业的数目 n_* 满足：

$$\frac{p(x_{i,*})}{n_* p}[1 - (1-p)^n \cdot]V_{\mathrm{I}} + \frac{q(d - x_{i,*})}{n_* q}[1 - (1-q)^n \cdot]V_{\mathrm{II}} = d$$

由此可得：

$$\frac{\left[1-(1-p)^{\hat{n}_*}\right]V_{\text{I}}+\left[1-(1-q)^{\hat{n}_*}\right]V_{\text{II}}}{\hat{n}_*}$$

$$<\frac{\left[1-(1-p)^{\hat{n}_*}\right]V_{\text{I}}+\left[1-(1-q)^{\hat{n}_*}\right](V_{\text{II}}+r_{\text{II}})}{n\hat{n}_*}$$

$$=\frac{\left[1-(1-p)^{n_*}\right]V_{\text{I}}+\left[1-(1-q)^{n_*}\right]V_{\text{II}}}{n_*}$$

在第三章第三节第二部分的推论证明中已经知道 $[1-(1-p)^n]/n$ 和 $[1-(1-q)^n]/n$ 都随 n 单调递减，那么形如 $\dfrac{[1-(1-p)^n]V_{\text{I}}+[1-(1-q)^n]V_{\text{II}}}{n}$ 的函数也随 n 单调递减。因此可以知道不仅 $\hat{n}_*>n_*$ 成立，而且利用定理 4 可进一步得到 $\hat{n}_*>n_*>n_W$。这样就完成了定理 7 的证明。

定理 7 的结果说明，存在如下通过科技奖励提高企业在高风险类型的研发项目成功后获得的价值回报来矫正企业厌恶风险的研发投入决策模式的内在机制。首先，引入科技奖励后，尤其通过给高风险类型的研发项目更多的科技奖励，企业会直接降低在低风险类型研发项目上的研发资源投入。这是科技奖励对研发投入决策的扭曲作用。其次，科技奖励提高了企业科技创新的价值回报，从而会吸引更多企业开展科技创新。更多企业开展科技创新导致单个企业要尽量避免和其他企业在同一个类型的研发项目上发生专利授权申请的直接竞争，因而单个企业会转而增加在高风险类型研发项目上的研发资源投入，同时降低在低风险类型研发项目上的研发资源投入。这是科技奖励通过影响产业内的企业数目进而间接影响研发投入决策的过程。这一间接作用过程有助于矫正企业在没有科技奖励时做出的厌恶风险的研发投入决策。

但是，尽管能在增加高风险类型研发项目的科技奖励后通过直接的扭曲效应和间接影响企业数目的效应来矫正企业厌恶风险的研发投入决策，尤其是能使企业的研发投入决策达到决策层要求的最优研发投入水平，但是并不能使企业的进入退出行为接近决策层要求的最优企业数目水平。这是因为科技奖励提高了企业通过科技创新可能获得的价值回报，产生了对企业进入产业从事科技创新的激励作用，因而会有更多企业涌入产业中，导致企业之间的科技创新竞争更加激烈，专利授权竞争的负外部性更大。也就是说，社会以科技奖励的方式支付的巨大研发投入成本，导致过多的企业进入产业，产业中发生过度竞争，使得企业的进入退出行为更加偏离决策层要求的最优企业数目水平。

根据本节推导的理论结果和上面的分析机制，得出如下结论。

如果政府为加快实施创新驱动发展战略而采用科技奖励的政策手段的话，需要采取措施同步限制产业内企业数目的快速增加。

同利用定比科技金融政策手段一样，政府可以利用科技奖励政策手段，尤其是对高风险类型研发项目取得成功的企业给予高额科技奖励的政策手段，支持引导企业加大对高风险研发项目的资源投入。这样，科技奖励政策不仅和定比科技金融政策一样对企业的科研投入产生扭曲效应，而且也起到改变产业内企业数目的作用。这是因为设定高额的科技奖励会激励过多的企业进入市场。科技奖励和定比科技金融一样会使得社会成本大大增加，同时导致产业内竞争太过激烈。

尽管科技奖励的政策手段可以矫正企业在没有科技金融政策时为达到市场均衡所做出的厌恶风险的研发投入决策，但是也必定要借助其他限制措施避免产业内出现过多的企业。政府应当在为少数研发创新取得成功的企业提供科技奖励的同时，采取有效措施淘汰科技创新能力不强的企业，以减少产业内因企业间的负外部性而引起的恶性竞争。

科技创新需要有很强的研发能力和丰富的研发经验作为支持，只有科技创新能力强的企业才更有可能在高风险类型研发项目上取得成功。因此，对创新能力不强的企业而言，盲目地从事高风险类型的研发项目是不值得鼓励的。而且，创新能力不强的企业更应在低风险类型研发项目上积累科技创新能力。采用一些措施限制从事高风险类型研发项目的企业数目可以引导创新能力强的企业加大对高风险研发项目的资源投入，不使社会为科技创新付出过度的投入成本，这样才能达到决策层的最优目标。

本节的理论分析表明，同定比科技金融政策手段一样，以科技奖励的政策手段支持科技创新的方式具有可行性。尽管存在过度的产业竞争以及社会投放过多的科研成本的负面效应，但是只要采取方式在提供科技奖励的同时，限制进入产业从事高风险类型研发项目科技创新的企业数目，就能减小负面效应带来的影响。这样，同定比科技金融政策手段一样，以科技奖励的政策手段支持科技创新并且限制获得科技奖励的企业数目能够克服产业内企业间追逐专利授权的竞争负外部性，有利于长期的创新和提高社会福利。

第五节　混合模式科技金融与科技创新

科技创新的主体由创研团队、创新企业、专业研发机构、高等院校和科研院所等组成，它们的科学研究、发明创造、成果转化与产业化等行为活动集合成了科技创新。根据洪银兴（2011）对科技创新各个阶段的定义，将整个科技创新过程分为三个阶段：知识创新阶段、创新产品转化阶段和创新产业化阶段。科技创新是一个时间连续的长期过程，在这个较长的时间周期中所寻求的科技金融支持也是不断变化的。

针对科技创新过程的每个阶段，由于科技创新主体的不断变化，其承受的项目风险也存在很大的不同，导致所需要的科技金融支持也都不尽相同。

在知识创新的初级阶段涌现的科技创新项目数量非常多，大部分是以科研院所、高等院校或创研团队为创新主体，项目信息杂乱且不透明。创新主体拥有的只是新知识或新技术，成功孵化为产品的不确定性比较高，投资风险非常大，但其对科技金融支持的需求量并不大。该阶段中创新主体所获得的科技金融支持的大部分都来自政府、公共机关和公益性的引导资金。该类型的科技金融大都采用定额科技金融支持方式并且更多关注创新项目的前瞻性和基础性，而并不追求项目的投资收益。但也有少量关注度极高的项目会获得部分"天使投资"，以定比科技金融的方式注入研发资源，承受极高风险来追求潜在收益的最大化。

而在创新产品转化阶段，创新主体逐渐向市场靠拢，经过行业内的竞争淘汰创新价值越来越明显，投资风险已经开始收敛，由科技创新知识孵化的创新产品开始引起市场投资机构的关注。投资机构会通过比较不同科技创新项目的预期收益以及与之相对应的风险损失，达到选择最优的项目予以投资的目的，从而实现给定限制条件下，以市场化的渠道为创新企业配置金融资源，追求较高的投资回报。该类型的科技金融基本采用定比科技金融支持方式，但与此同时，创新企业也能凭借创新产品享受到部分科技奖励的支持。

在创新产业化阶段，创新主体面向市场的透明度更高，创新产品已经形成了相应的企业收益并且对社会福利的影响也更明显，对产业的提升作用也逐渐显现。该阶段中企业对科技金融的需求量非常大，但在达到盈亏平衡以后，企业受到资金限制的情况就开始逐渐减少。由于科技创新的不确定性已经处于可控范围内，更多的市场金融主体都参与到科技金融供给端，定额科技金融、定比科技金融和科技奖励金融将以混合模式出现并给予其支持。

由上述分析可知，在整个科技创新驱动经济发展的过程中，各个阶段的创新主体并不统一，科技创新风险程度也存在较大的差异，这导致了科技金融的支持不能以单一形式起作用而是以多种类型的混合模式来进行，对其影响的研究也不能仅局限于在企业层面对单一类型的科技金融支持进行分析。此时，科技金融对科技创新的影响分析应视为一个科技金融体系，通过在科技创新发展过程中不断融合金融资本与科技产业链，以实现与科技创新的协同发展，完成社会资源优化配置和创新产出效率提升的目标（详见本书第六章）。

第六节　本章小结

本章在上一章建立的基本模型的基础上扩展建立了三个包含科技金融的科技创新模型，分别是包含定额科技金融的科技创新模型、包含定比科技金融的科技创新模型和包含科技奖励金融的科技创新模型。

同上一章一样，模型中的企业在科技创新的过程中可以选择不同类型的研发项目投入总量有限的研发资源。在三个扩展模型下，主要结果分别刻画了引入定额科技金融、定比科技金融和科技奖励金融后带来的影响，这种影响通常有三种。

一是挤出效应——在面临定额科技金融或定比科技金融的时候，企业能够在科技创新成功之前获得相应的科技金融支持，那么企业就会减少自筹的研发资源投入。这就是说，定额科技金融和定比科技金融挤出了一些自筹的科研资金，但是科技奖励并不具有挤出效应。

二是扭曲效应——在面临定比科技金融或科技奖励金融的时候，如果科技金融对两种类型的研发项目的支持力度不同，那么企业会选择在支持力度更大的研发项目上投入更多的研发资源。例如，如果高风险类型的研发项目可以获得更多定比科技金融或科技奖励金融，那么企业就会减少在低风险类型的研发项目上投放的资源，这就是说支持力度差别化的定比科技金融和科技奖励金融会扭曲企业在没有科技金融时做出的厌恶风险的科技研发投入决策，但是定额科技金融并不具有扭曲效应。

三是影响产业内的企业数目——在面临定额科技金融、定比科技金融或科技奖励金融时，会有更多的企业进入产业从事科技创新，它们都具有影响产业内企业数目的作用。其中，定额科技金融和定比科技金融都是通过降低企业自筹的研发投入资金，也就是通过降低企业进入产业的门槛，导致更多企业从事科技创新，带来过度的专利授权竞争，进而造成负外部性的。但是科技奖励金融是通过提高企业在科技创新成功后获得的价值来激励更多企业从事科技创新，带来过度的专利授权竞争，进而造成企业间的负外部性的。

上述三种影响从理论上明确揭示了科技金融对科技创新起作用的内在有效机制，进一步回答了"为什么需要科技金融支持科技创新"的问题，而且还能从三种科技金融支持方式中找出哪种方式能够实现科技金融支持科技创新、提高社会福利水平的目标。

首先，定额科技金融最不可取，虽然它能通过影响产业内的企业数目带来企业间的竞争，间接地改变企业的科技研发投入决策，使得企业增加在高风险类型研发项目上的投入，降低在低风险类型研发项目上的投入，但是实施定额科技金融的成本巨大，只有挤出效应没有直接的扭曲效应，这些缺陷意味着采取定额科技金融的政策手段并不可取。

其次，不论是采取定比科技金融还是科技奖励政策手段，都有有利的一面也有不利的一面。有利的一面是这两种科技金融政策手段都具有扭曲效应，能够直接改变企业的科技研发投入决策，可以使企业增加在高风险类型研发项目上的投入，降低在低风险类型研发项目上的投入。不利的一面是它们都有导致太多企业进入产业从事科技创新，进而出现过度竞争的缺陷。

　　最后，定比科技金融是在企业的科技创新未必成功的情况下，政府或金融机构为企业提供科技金融支持，这样的金融支持成本巨大。科技奖励的政策手段虽然也有一些缺陷，但是政府或金融机构是在企业的科技创新取得成功后才支付奖励，这样的社会成本小。因此定比科技金融和科技奖励的政策手段都可以采用，其中应以采用科技奖励的方式优先，尤其是在两种情况下都应该采取一些措施限制从事科技创新的企业数目，尽量避免出现企业间的过度竞争。

　　而在科技创新的发展过程中，创新发展的阶段不同导致创新主体的不统一和创新项目风险的不确定性，导致科技金融的支持方式可能会以混合模式在创新发展的长期过程中起到关键的推动作用。而对混合模式下科技金融支持科技创新的影响分析则应将科技金融视为一个整体，针对其在科技创新发展的各个阶段起到的协同发展作用做细化分析（详见本书第六章）。

　　总的来说，本章的分析与结果不仅可以形成"科技金融能够支持科技创新、提高社会福利水平"的正面论证，而且还能解答"选择何种方式的科技金融能够支持科技创新、提高社会福利水平"的技术问题以及明确应该尽量避免的不利因素。这也就可以给"为什么需要科技金融支持科技创新"问题提供较为完整的解答，为建议政府采取科技金融手段支持科技创新提供了理论支撑。

第五章　我国科技金融支持的科技创新效应

科技创新是推动现代社会发展的最重要的动力。如今，国际上的竞争越来越表现为各国之间科技实力和创新能力的竞争。2017年10月，党的十九大报告着重指出要提升战略科技力量，进一步完善国家创新体系。相关报告表明，近年来，我国科技创新能力已得到明显的提升，2018年我国综合科技创新水平指数为70.13分，相较上年增长了1.22分。

虽然我国科技创新发展迅速，科技金融支持科技创新的成果有所显现，但在我国由创新驱动市场经济转型发展的进程中，各地区科技创新水平的不平衡将会逐渐被放大，反映为区域经济发展的差异，只有通过各地区的科技金融支持才能改善这个不平衡的现状。而我国目前的科技金融仍具有发展不成熟的特点，科技与金融"两张皮"的情况还较为严重，科技金融体系的建设尚不健全，其作用和效果也未能完全发挥，因此本章从科技金融对我国不同区域高技术产业的科技创新发展的实际作用切入，从区域差异的视角来研究科技金融对高技术产业科技创新效率的影响及其优化的路径问题。

本章深入探究在高技术产业发展中有着重要作用的科技金融对区域创新效率的影响，对高技术产业创新效率的相关研究进行梳理。参考以往学者的相关研究（桂黄宝，2014；叶锐等，2012；郑坚、丁云龙，2008；吴诒民、张凌翔，2004），选择 DEA 方法估计各样本地区的高技术产业创新效率；进而选取科学合理的科技金融指标，建立科技金融体系影响各地区科技创新效率的计量模型；最后估计科技金融分类变量对高技术产业区域创新效率的影响大小。

第一节　我国高技术产业创新效率测算

首先建立数据包络分析（DEA）模型来测算各地区高技术产业创新效率。数据包络分析方法由 Charnes 等（1978）于 1978 年首次提出。这一方法是评估具有多投入多产出的决策单元间的"相对有效性"的一种非参数的统计估计方法。该方法使用数学规划模型，凭借输入和输出数据确定生产可能集的"生产前沿面"，从而对决策单元（DMU）进行有效性估计。DEA 方法评估的实质是观察决策单元是否位于生产前沿面，若决策单元位于该前沿面上则为有效，若决策单元不位于该前沿面上则为无效。

一　基于 DEA 方法的效率测算模型

目前，无论是从深度方面还是从广度方面来看，DEA 领域的研究成果颇丰。第一个 DEA 模型是 CCR 模型，它用于判别决策单元是否同时为技术有效和规模有效。后来，Banker、Charnes 和 Cooper 进行了模型的改进，提出了规模报酬可变下的 BCC 模型（魏权龄，2000）。BCC 模型包括两种形式：一种是保持产出不变，使得投入达到最小的情况，被称作产出导向型模型；另一种是保持投入不变，使得产出最优的情况，被称作投入导向型模型。

由于在接下来的研究中需要把投入要素作为主要目标变量，所以，在以规模报酬可变作为前提条件的情况下，下面选用基于投入导向的 DEA 模型。

初始模型形式如下：

$$
\begin{cases}
h_{jo} = \max \dfrac{u^{\mathrm{T}} y_0}{v^{\mathrm{T}} x_0} \\
\dfrac{\mu^{\mathrm{T}} y_j}{v^{\mathrm{T}} x_j} \leqslant 1, j = 1, \cdots, j_0, \cdots, n \\
v > 0 \\
\mu > 0
\end{cases}
$$

其中，x 指的是投入向量，y 指的是产出向量，μ 和 ν 表示产出和投入的权向量。该 DEA 模型的基本原理是，把全部的 DMU 作为一个集合的基础，然后依次将每个决策单元和所有其他有效的决策单元做比较，以评价该 DMU 是否有效。

假设有 n 个 DMU 构成一个集合，并且集合里的每一个 DMU 都有 k 种投入要素、m 种产出要素，要求解第 j 个决策单元的效率，便可以转化为求解如下线性规划问题：

$$
\begin{cases}
\min = \theta \\
\sum_{j=1}^{m} \lambda_j x_{ij} \leqslant \theta_{ij} x_{ij}, i = 1, 2, \cdots, m \\
\sum_{j=1}^{n} \lambda_j y_{pj} \geqslant y_{pj}, p = 1, 2, \cdots, s \\
\lambda_j \geqslant 0, j = 1, 2, \cdots, n
\end{cases}
$$

其中，x_{ij}、y_{pj} 分别表示第 j 个 DMU（即 DMU_j）的第 i 个投入和第 p 个产出；θ_j 表示第 j 个 DMU 的效率值，其取值大于等于 0，小于等于 1，且取值距离 1 越近则越有效，刚好为 1 时说明该决策单元是完全有效的；λ_j 表示第 j 个 DMU 关于第 i 项投入和第 p 项产出的权重系数。

二 科技创新指标体系与数据来源

高技术产业的创新活动包括人力、物力、财力等多项投入要素。参考以往学者的相关研究（刘伟，2015；韩晶，2010），选择 R&D 人员全时当量和 R&D 经费内部支出作为投入要素。其中，R&D 人员全时当量是反映从事高技术产业研究与开发的人力投入变量；R&D 经费内部支出是反映从事高技术产业研究与开发的资金投入变量。

同样参考以往学者的相关研究（李向东等，2011；余泳泽等，2010），采用专利申请数目和新产品销售收入两个变量作为产出指标。其中，专利申请数目能够比较全面地反映各地区的发明和创新情况，是评估地区创新能力和创新产出的关键要素；而各地区高技术产品销售收入则是能反映科技创新成果转化为市场价值程度的关键要素。

为了消除价格水平对投入指标 R&D 经费内部支出和产出指标新产品销售收入的影响，利用 GDP 平减指数对各地区的 R&D 经费内部支出和新产品销售收入变量的数值进行平减。

数据来源于历年《中国高技术产业统计年鉴》和《中国统计年鉴》。由于西藏自治区的数据缺失，所以只收集了 2012~2019 年中国除西藏自治区、港澳台以外的 30 个省（自治区、直辖市）以及东部地区、中部地区、西部地区和东北地区的相关数据。

三 结果与分析

首先是测算以 30 个省（自治区、直辖市）为决策单元的高技术产业区域创新效率。运用 DEAP 2.1 软件，在规模报酬可变的条件下，估计得到各省级区域的高技术产业科技创新效率，结果见表 5 - 1。

表 5 - 1   2012～2019 年全国各地高技术产业科技创新效率

地区	2012 年	2013 年	2014 年	2015 年	2016 年	2017 年	2018 年	2019 年	均值
北京	0.821	1.000	1.000	1.000	1.000	1.000	1.000	1.000	0.978
天津	1.000	1.000	0.936	0.936	1.000	1.000	1.000	1.000	0.984
河北	0.330	0.304	0.251	0.251	0.469	0.536	0.580	0.630	0.419
山西	0.424	0.939	0.435	0.435	0.460	0.460	0.497	0.497	0.518
内蒙古	0.817	0.606	0.555	0.555	0.631	0.612	0.736	0.836	0.669
辽宁	0.366	0.452	0.627	0.627	0.558	0.558	0.613	0.613	0.552
吉林	0.617	0.529	0.350	0.350	0.600	0.600	0.396	0.396	0.480
黑龙江	0.108	0.114	0.262	0.262	0.240	0.240	0.353	0.353	0.242
上海	0.513	0.506	0.605	0.578	0.581	0.581	0.679	0.679	0.590
江苏	0.459	0.568	0.431	0.572	0.617	0.617	0.693	0.693	0.581
浙江	0.524	0.520	0.538	0.538	0.599	0.599	0.567	0.567	0.557
安徽	0.690	0.476	0.769	0.769	0.782	0.782	0.904	0.904	0.760
福建	0.504	0.562	0.606	0.606	0.454	0.454	0.535	0.535	0.532
江西	0.249	0.347	0.258	0.258	0.457	0.457	0.635	0.635	0.412
山东	0.463	0.545	0.649	0.549	0.440	0.540	0.644	0.644	0.559
河南	0.569	0.722	0.482	0.482	1.000	1.000	1.000	1.000	0.782
湖北	0.361	0.446	0.301	0.301	0.337	0.337	0.463	0.463	0.376
湖南	0.419	0.647	0.974	0.974	0.774	0.774	0.553	0.553	0.709
广东	0.530	0.591	0.674	0.674	0.595	0.595	0.726	0.726	0.639
广西	0.423	0.895	0.336	0.336	0.576	0.576	0.504	0.504	0.519
海南	0.450	0.280	0.434	0.448	0.485	0.485	0.443	0.443	0.434
重庆	0.749	0.656	1.000	1.000	0.627	0.627	1.000	1.000	0.832
四川	0.477	0.366	1.000	1.000	0.574	0.574	0.904	0.904	0.725
贵州	0.452	0.376	0.433	0.433	0.463	0.463	0.665	0.665	0.494
云南	0.950	0.533	0.423	0.423	0.427	0.427	0.365	0.365	0.489
陕西	0.232	0.254	0.273	0.273	0.261	0.261	0.255	0.255	0.258
甘肃	0.364	0.335	0.456	0.456	0.489	0.489	0.525	0.525	0.455
青海	0.448	1.000	1.000	1.000	0.382	0.437	0.595	0.595	0.682
宁夏	0.681	0.603	0.776	0.776	1.000	1.000	0.571	0.682	0.761
新疆	0.676	0.631	0.501	0.631	1.000	1.000	1.000	1.000	0.805

资料来源：用 DEA 方法测算得到。

从表 5-1 的测算结果可知，2012~2019 年，我国大部分省份的高技术产业科技创新效率都呈现明显的上升趋势。从各省份高技术产业科技创新效率的历年均值情况来看，东部地区的北京市和天津市的效率最高，不仅多年的效率测算结果为 1，而且它们的均值也与 1 十分接近，分别为 0.978 和 0.984，这说明北京市和天津市的高技术产业科技创新情况处于全国领先地位，即处于我国高技术产业科技创新发展的前沿面。

除海南省、河北省以外，东部地区其他省市（山东、江苏、上海、浙江、福建、广东等 6 个省市）的高技术产业科技创新效率均值都超过了 0.5。因此，这些省市的高技术产业相对于其他地区而言更为发达，发展比较成熟。它们能够紧跟科技创新的技术前沿，较快地获得和学习科技创新成果，迅速地提升自身的科技创新能力。同时，东部省份高科技企业的经营管理也往往处于高水平的领先地位，这也有助于它们达到较高的科技创新效率水平。

虽然西部地区的高技术产业发展基础较差，但从高技术产业科技创新效率测算结果上看，近年来西部地区在高技术产业发展中取得了不错的成绩，各个省份的发展势头喜人。尤其是重庆市和四川省的高技术产业科技创新效率均值处于全国前列，分别为 0.832 和 0.725。这说明在国家西部大开发战略引领下，重庆市和四川省借助国家对西部地区提供的政策和资金支持，聚力打造、引进、建设的一批依托高等学校、科研院所、企业实验室和技术中心的科技创新产业龙头单位取得了明显成效。事实上，近年来我国各地都在经济发展转型和产业升级中出台了各种吸引高技术企业的政策措施，重庆市和四川省正是通过发挥自身处于西部洼地的比较优势，发挥"弯道超车"的后发优势，通过大力增强政府的服务意识，改善地区发展环境，极大地吸引外地的高技术企业创新创业人才，稳妥地留住本地的高技术企业创新创业人才，这样才能实现高技术产业科技创新水平的大幅提高，迎头赶上当前我国高技术产业发展的浪潮。

相对于东部地区和西部地区，中部地区和东北地区的高技术产业发展情况堪忧，特别值得重点关注。尽管中部地区和东北地区的工业行业发展基础较好，但从高技术产业科技创新效率测算结果上看，它们在当前我国高技术产业发展的热浪中落后了。整体上看，中部地区和东北地区各省份的高技术产业科技创新效率并没有表现出明显强劲的上升势头，甚至有不少省份的高技术产业科技创新效率处于低位水平的徘徊不前状态。例如，中部地区的湖北省、江西省的高技术产业科技创新效率均值仅为 0.376 和 0.412，处于极低的水平；东北地区的黑龙江省和吉林省的高技术产业科技创新效率均值仅为 0.242 和 0.480，也处于极低的水平。但是，事实上，湖北省、江西省、黑龙江省和吉林省的工业发展基础、高等院校和科研院所数目、人才集聚水平是有一定地区优势的。这说明中部地区和东北地区大多数省份的高技术产业发展处于停滞状态或尚未形成发展的凝聚力，未来尤为需要地方政府采取有效政策措施重点发力，地方经济（高技术产业）发展大有可为。

从表 5-2 可知，受经济发展水平、开放程度、资本支持度、产业结构等因素影响，我国东部地区、中部地区、西部地区和东北地区的高技术产业创新效率的整体表现差别显著。具体为，东部地区最高，均值为 0.627；西部地区次之，均值为 0.608；中部地区再次之，均值为 0.593；东北地区最低，均值仅为 0.425。

表 5-2　2012~2019 年全国和区域的高技术产业创新效率

地区	2012 年	2013 年	2014 年	2015 年	2016 年	2017 年	2018 年	2019 年	均值
全国	0.522	0.560	0.578	0.583	0.596	0.603	0.647	0.655	0.595
东部	0.559	0.588	0.612	0.615	0.624	0.641	0.687	0.692	0.627
中部	0.452	0.596	0.537	0.537	0.635	0.635	0.675	0.675	0.593

地区	2012 年	2013 年	2014 年	2015 年	2016 年	2017 年	2018 年	2019 年	均值
西部	0.570	0.569	0.614	0.626	0.585	0.588	0.647	0.666	0.608
东北	0.363	0.365	0.413	0.413	0.466	0.466	0.454	0.454	0.425

资料来源：根据 DEA 测算结果计算得到。

事实上，近 30 年来东北地区的经济持续衰退，缺乏增长动力，急切期望振兴经济。为此，国家发展和改革委员会还专门设立了东北振兴司。然而，从近年来东北地区经济发展的宏观层面看，其不仅投资缩减、劳动力流失、人才外迁，而且消费低迷，地区经济发展动力不足。这说明东北地区的经济发展问题在宏观层面上大大有别于其他地区，因此不能简单地把东北地区的区域科技创新问题从它的经济发展困境中割裂出去。这意味着，东北地区科技创新问题的深层次原因很可能与系统性的经济发展困境密切相关，需要做全面的探讨分析，而不能做局部的观察讨论。这已经超出了本书选题的研究范围，所以此处难以对东北地区的科技创新效率测算结果做出科学合理的结果分析。

正是由于上述原因，为更加深入地探究科技金融对各地区高技术产业区域创新效率的影响情况，后续进行影响因素分析的时候，仅仅考虑东部地区、中部地区和西部地区，而不再将东北地区纳入研究范畴。

第二节　变量选择、模型设定与数据来源

在前一节利用 DEA 方法测算我国高技术产业区域创新效率的基础上，进一步选取科学合理的科技金融指标，采用生产函数方法建立科技金融影响科技创新效率的计量模型，估计各类科技金融指标对高技术产业区域创新效率的影响程度。

一　变量选择

科技金融是促进科技开发、成果转化和高新技术产业发展的一系列金融工具、金融制度、金融政策与金融服务的系统性安排，是由为科学与技术创新活动提供融资资源的政府、企业、市场、社会中介机构等各种主体及其在科技创新融资过程中的行为活动共同组成的一个体系，是国家科技创新体系和金融体系的重要组成部分。

基于前述的数理模型，结合我国当前的科技金融发展现状，针对定额科技金融的支持方式对应选取政府支持（GI）作为投入指标，针对定比科技金融的支持方式对应选择风险投资（VCI）作为投入指标。而科技奖励是在科技创新成功后获取的金融支持，目前高技术产业中较多体现为税收优惠和返还，极少部分体现为现金奖励，该部分在当前高技术企业的科技创新研发投入中占比非常小，影响有限，因而未纳入模型中进行分析。而企业自主创新投入（CI）由于起到重要作用且占比较大，需要作为科技金融体系的系统指标进行回归分析。

模型中的变量包括以下三类。

1. 被解释变量

高技术产业区域创新效率（Y）是前一节中通过 DEA 方法测算得到的我国高技术产业区域创新效率数值，并已根据国家统计局发布的地区划分方法将前述30个省（自治区、直辖市）划分为四个区域——东部地区、中部地区、西部地区、东北地区，并对数据进行了整理。

2. 解释变量

政府支持（GI）。在我国科技金融实践中，政府不仅要制定规则和实施监管，还会直接介入科技金融投资活动中。但由于政府相应制度的实施限制，该部分资金支持是以定额科技金融方式做投入。科技创新项目存在很多不确定因素和较大的风险，导致市场金融机构、风险投资机构不愿在项目初创期介入，故而政府要根据企业所在行业和科技创新项目提供一定金额的公共财政资助或建立"引导基金"来提供科技创新所需要的资金支持。本节以科技活动经费筹集总额中政府资金额来衡量科技金融体系中的政府支持。

企业自主创新投入（CI）。企业自主创新投入相当于"创业资本"，指的是企业或创业者投入科技创新项目或科技初创企业中的自有资金或自筹资金。本节以科技活动经费筹集总额中企业资金来衡量科技金融体系中的企业自主创新投入。根据国家统计局数据可知，企业自主创新投入在科技活动筹集资金总额中所占份额较大。

风险投资（VCI）。风险投资是市场金融机构或风险投资机构对科技创新项目或科技初创企业的资金投入。由于风险投资的主体是基于市场化的运行机制，故而基于投入成本及回报期望的相关性，该部分资金支持是以定比科技金融方式做投入。本节以各地区创业投资额占 GDP 比重来衡量科技金融体系中的风险投资。

3. 控制变量

除了科技金融因素以外，社会环境中对科技创新效率有影响的其他变量包括：经济发展水平（F），采用外商直接投资实际利用额占各地 GDP 比重表示；专业发展水平（L），采用 R&D 人员全时当量占科技活动人员总数的比重表示。专业发展水平越高说明该地区科技活动中高素质专业人员的占比越大。

综上，各类型变量的具体情况见表 5-3。

表 5 - 3　变量的符号、含义及数据来源

类型	指标名称	符号	具体和含义	数据来源
被解释变量	科技创新效率	Y	以 R&D 人员全时当量和 R&D 经费内部支出作为投入要素，以专利申请数量和新产品销售收入作为产出变量，通过 DEA 方法计算的全国高技术产业区域创新效率	《中国高技术产业统计年鉴》、《中国风险投资年鉴》、《中国统计年鉴》、各省份的统计年鉴
解释变量	政府支持	GI	科技活动经费筹集总额中政府资金额	
	企业自主创新投入	CI	科技活动经费筹集总额中企业资金	
	风险投资	VCI	各地区创业投资额占 GDP 比重	
控制变量	专业发展水平	L	R&D 人员全时当量占科技活动人员总数的比重	
	经济发展水平	F	外商直接投资实际利用额占各地 GDP 比重	

二　模型设定

本节采用广义的柯布 - 道格拉斯（C - D）生产函数，建立计量模型。对广义柯布 - 道格拉斯生产函数进行展开后，可以得到以科技金融体系因素（指标）为解释变量的高技术产业区域创新效率回归模型，生产函数模型如下：

$$Y_{it} = A_i \, GI_{it}^{\alpha_1} \, CI_{it}^{\alpha_2} \, VCI_{it}^{\alpha_3} \, L_{it}^{\alpha_4} \, F_{it}^{\alpha_5} \tag{5-1}$$

其中，Y 代表科技创新效率，GI 表示政府支持，CI 表示企业自主创新投入，VCI 表示风险投资，L 代表专业发展水平，F 代表经济发展水平，i 表示地区（$i=1$ 代表东部地区，$i=2$ 代表西部地区，$i=3$ 代表中部地区，$i=4$ 代表全国），t 表示时间。

式（5 - 1）两边取对数后可得：

$$\ln Y_{it} = \alpha_0 + \alpha_{i1} \ln GI_{it} + \alpha_{i2} \ln CI_{it} + \alpha_{i3} \ln VCI_{it} + \alpha_{i4} \ln L_{it} + \alpha_{i5} \ln F_{it} + e_{it}$$

计量模型中的 Y_{1t}、Y_{2t}、Y_{3t}、Y_{4t} 分别表示我国东部地区、西部

地区、中部地区、全国的高技术产业创新效率，α_0 为常数项，α_{i1}、α_{i2}、α_{i3}、α_{i4}、α_{i5} 分别表示各指标对创新效率的影响系数，e_{it} 为随机误差项。

三 数据来源

因为西藏自治区、港澳台的数据缺失，本节在考虑准确性优先的前提下收集了我国 30 个省（自治区、直辖市）的相关统计数据。所有数据全部来自历年《中国高技术产业统计年鉴》《中国风险投资年鉴》《中国统计年鉴》，以及各省份的统计年鉴。

第三节 结果与分析

运用 Stata 软件，以科技金融各项指标为解释变量，分别对全国、东部地区、中部地区和西部地区的高技术产业区域创新效率进行回归分析，结果如表 5 - 4 所示。

表 5 - 4 科技金融对高技术产业区域创新效率的影响

变量	东部地区	西部地区	中部地区	全国
GI	0.494 * (4.94)	1.337 *** (28.75)	0.890 * (3.44)	0.612 (2.87)
CI	5.733 ** (8.45)	3.591 * (3.27)	5.138 * (4.55)	3.981 * (4.28)
VCI	0.256 ** (16.61)	0.085 * (3.49)	0.005 (0.34)	0.028 (1.50)
L	2.437 ** (21.83)	0.402 * (3.71)	4.110 ** (5.81)	1.104 * (5.22)
F	0.168 ** (7.867)	- 0.318 ** (- 4.75)	- 3.370 ** (- 9.54)	- 0.806 ** (- 8.05)
α_0	2.371 ** (7.77)	0.480 (0.54)	15.941 ** (7.97)	- 4.518 ** (- 6.76)
R^2	0.798	0.776	0.783	0.798

注：*、**、*** 分别表示在 0.1、0.05、0.01 的水平下显著，括号内为 t 统计量。

由表 5-4 中的结果可见，各个回归模型的 R^2 均接近 0.8，每个回归模型的拟合度都较高，这表明计量模型中选取的解释变量能够很好地解释各个区域被解释变量的变动。

1. 政府支持（GI）的效果分析

在各个回归模型中，政府支持的回归系数均为正。从回归系数的显著性上看，西部地区的回归结果显著性最高，在 1% 的水平下显著；东部地区和中部地区的回归结果在 10% 的水平下显著；而全国的回归结果未通过显著性检验。

从回归系数的大小上看，政府支持对西部地区高技术产业的科技创新活动的正向支持作用最大，回归系数为 1.337；对东部地区高技术产业的科技创新活动的正向支持作用最小，回归系数为 0.494；对中部地区高技术产业的科技创新活动的正向支持作用居中，回归系数为 0.890。这一作用大小的差异主要是因为，在西部地区各级政府凭借西部大开发战略，很好地利用了不断加大的政府科技资金投入并提高了管理服务能力，使得西部地区高技术产业的发展和科技创新能力出现了明显的提质增速。

而对于东部地区而言，政府支持的作用远不如西部地区。东部地区出现这一结果很可能是因为市场经济发达条件下的科技金融给政府主导的公共科技金融带来了挤出效应。换句话说，由于东部地区的市场科技金融较为发达，所以高技术产业发展和科技创新能力提升对政府主导的资金支持的依赖程度较低。这一解释在下面关于企业自主创新投入（CI）和风险投资（VCI）的回归结果分析中也可以得到印证。

对中部地区而言，政府支持的作用比东部地区大，却比西部地区小。出现这一现象很可能是因为中部地区既没有东部地区较为活跃的市场科技金融环境，也没有西部地区受到西部大开发战略的推动，所以中部地区地方政府主导的公共科技金融的支持力度难以达到高效的水平，尚未对高技术产业发展和科技创新能力提升形成有效的牵引作用。这意味着中部地区有较大的发展潜力，尤其对地方政府的作为而言，只要能够投入较大的资金支持，有望更加明显地提升该地区高技术产业的科技创新能力。同样，这一解释的合理性在下面关于企业自主创新投入（CI）和风险投资（VCI）的回归结果分析中也可以得到印证。

2. 企业自主创新投入（CI）的效果分析

在各个回归模型中，企业自主创新投入的回归系数均为正且显著。从回归系数的显著性上看，东部地区的回归结果显著性最高，在5%的水平下显著；西部地区、中部地区和全国的回归结果均在10%的水平下显著。

从回归系数的大小上看，企业自主创新投入对东部地区高技术产业的科技创新活动的正向支持作用最大，回归系数为5.733；对中部地区高技术产业的科技创新活动的正向支持作用次之，回归系数为5.138；对西部地区高技术产业的科技创新活动的正向支持作用最小，回归系数仅为3.591。这一作用大小的差异主要是因为，相对于东部地区和中部地区而言，西部地区经济发展基础较差，企业实力积累不足，自身的资金投入还难以达到对高技术产业发展和科技创新能力提升形成高效拉动的水平，也尚未对高技术产业发展和科技创新能力提升形成有效的牵引作用。换言之，西部地区高技术企业的发展仍对政府资金支持具有较大的依赖性，企业自主创新投入尚未形成"投资—回报—再投资"的良性循环。

而对于东部地区和中部地区而言，企业自主创新投入对高技术产业科技创新能力提升的作用要明显大于西部地区。也就是说，从企业自身实力和资金积累上看，东部地区和中部地区的高技术产业都处在受自有资金约束较小的阶段。相反，西部地区的高技术产业处在受自有资金约束较大的阶段。这也与前面对政府支持（GI）的回归结果分析相一致。

3. 风险投资（*VCI*）的效果分析

在各个回归模型中，风险投资的回归系数均为正。从回归系数的显著性上看，东部地区的回归结果显著性最高，在5%的水平下显著；西部地区的回归结果在10%的水平下显著，而中部地区和全国的回归结果未通过显著性检验。

从回归系数的大小上看，风险投资对东部地区高技术产业的科技创新活动的正向支持作用最大，回归系数为0.256；对西部地区高技术产业的科技创新活动的正向支持作用明显较小，回归系数为0.085；对中部地区高技术产业的科技创新活动的正向支持作用不仅不显著而且回归系数数值也很小，仅为0.005。这一作用大小的差异主要是因为，尽管西部地区凭借西部大开发战略的政策红利吸引了一部分活跃的风险投资机构或金融机构参与对高技术产业科技创新项目的资金支持，但是西部地区和中部地区都处在市场化的科技金融很不发达的阶段。

而对于东部地区而言，风险投资或市场科技金融的力量所起到的作用已经很大，而且明显对政府支持形成挤出效应。也就是说，由于东部地区的市场科技金融和风险投资资本较为发达，所以高技术产业发展和科技创新能力提升已经对风险投资形成了较大程度的市场化依赖。这一结果与前面对政府支持（*GI*）和企业自主创新投入（*CI*）的回归结果的分析相一致。

事实上，风险投资是高技术产业科技创新资金的重要来源之一，特别是在企业开展创新项目的初期。从市场化操作的有利一面看，风险投资不光可以给高技术企业带来资金，而且可通过参与到创新项目的监督管理中帮助企业提高经营管理能力和改善财务状况，从而间接促进区域技术创新效率的提升。但是，风险投资机构和部分金融机构对投资目标企业进行筛选时是极为严谨的，这样，市场化程度较高的东部地区的企业远比中部地区和西部地区的企业更能满足和适应风险投资资金的筛选要求。这样就导致西部地区和中部地区的风险投资资金对提升高技术产业科技创新效率的作用不明显。

4. 专业发展水平（L）的效果分析

在各个回归模型中，R&D 人员全时当量占比的回归系数均为正。从回归系数的显著性上看，东部地区和中部地区的回归结果显著性最高，在 5% 的水平下显著；西部地区和全国的回归结果在 10% 的水平下显著。

从回归系数的大小上看，R&D 人员全时当量占比对中部地区高技术产业的科技创新活动的正向支持作用最大，回归系数为 4.110；对东部地区高技术产业的科技创新活动的正向支持作用次之，回归系数为 2.437；对西部地区高技术产业的科技创新活动的正向支持作用最小，回归系数仅为 0.402。

5. 经济发展水平（F）的效果分析

除了东部地区的回归模型以外，在其他三个回归模型中，外商直接投资实际利用额占比的回归系数均为负。而且从回归系数的显著性上看，东部地区的回归结果在 5% 的水平下显著为正；而西部地区的回归结果在 10% 的水平下显著为负，中部地区和全国的回归结果都在 5% 的水平下显著为负。

从回归系数的大小上看，外商直接投资实际利用额占比对中部地区高技术产业的科技创新活动的反向阻碍作用最大，回归系数为 -3.370；对西部地区高技术产业的科技创新活动的反向阻碍作用明显减小，回归系数为 -0.318；对东部地区高技术产业的科技创新活动的影响虽显著但回归系数数值很小，仅为 0.168。这一结果部分地支持了关于外商直接投资对高技术企业发展的"抑制论"，认为依靠国外资金不但不能促进高技术产业科技创新效率的提升，在一定程度上也反映出国外资金的行业偏好，它们更重视向我国的"非高技术"产业投资。

综合上述结果分析可以看出，尽管已经证实科技金融对我国高技术产业科技创新效率有明显的正向支持作用，但仍然存在很多问题，尤其是在高技术产业区域创新的地区差异问题上，应当有针对性地提出可以更加充分发挥科技金融支持作用的政策建议。

第四节　稳健性检验

本节的稳健性检验目的是考察表 5 – 4 中回归结果的可靠性。稳健性检验通常采取合理地改变某些指标参数或估计方法的途径来考察回归结果是否保持在一个稳健性水平，即估计结果处在一个比较一致、稳定的解释水平。如果在合理地改变某些指标参数或估计方法后，发现回归结果的符号、显著性等重要经济统计量发生了明显的改变，则说明回归结果是不稳健的，此时需要在更深层次上寻找导致不稳健的问题所在。在经济模型科学、统计数据可靠的情况下，出现不稳健的回归结果往往与经济系统中变量的内生性密切相关，因此，从这一角度上说，稳健性检验同缓解或克服模型中变量的内生性问题有直接关系。反之，如果在合理地改变某些指标参数或估计方法后，发现回归结果的符号、显著性等重要经济统计量基本保持不变，则说明回归结果是稳健的，解释力是可靠的。

进行稳健性检验的方法大致有三种：一是从经济变量出发，根据不同的标准调整体现变量含义的指标参数（包括选取新的代理变量或工具变量等），检验结果是否稳健；二是从估计方法出发，根据数学运算变形回归模型的表现形式并相应地更换回归估计的方法（包括检验方法等），检验结果是否稳健；三是从经济系统的内部作用过程出发，根据变量之间产生影响的时间逻辑关系和交互逻辑关系调整回归模型的时间形式和交互形式（包括引入滞后变量或交互项等），检验结果是否稳健。

1. 调整体现变量含义的指标参数

在生产函数 $Y_{it} = A_i GI_{it}^{\alpha_1} CI_{it}^{\alpha_2} VCI_{it}^{\alpha_3} L_{it}^{\alpha_4} F_{it}^{\alpha_5}$ 中，原回归分析以测算得到的区域创新效率为被解释变量 Y 的经济指标，以 R&D 人员全时当量占科技活动人员总数的比重为控制变量 L 的经济指标。然而，由于前文运用 DEA 方法测算我国高技术产业区域创新效率时选择 R&D 人员全时当量和 R&D 经费内部支出作为 DEA 单元的投入要素，所以 R&D 人员全时当量指标既出现在被解释变量 Y 的测算中又出现在控制变量 L 的度量中，这很可能导致内生性问题。

为了缓解或消除回归模型中可能存在的内生性问题，此处选择用区域大学毕业生数量占劳动人口总数的比重取代 R&D 人员全时当量占科技活动人员总数的比重，作为控制变量 L 的新指标。此时，区域大学毕业生数量占劳动人口总数的比重越大说明该地区经济发展中高素质技能劳动者占比越大。

相关数据来源于历年《中国劳动统计年鉴》《中国人口和就业统计年鉴》《中国教育统计年鉴》《中国科技统计年鉴》，此处主要利用《中国劳动统计年鉴》《中国人口和就业统计年鉴》《中国教育统计年鉴》，并以《中国科技统计年鉴》为参照和补充。由于这些年鉴的统计口径不一致，所以本书对数据进行了整理。由于西藏自治区的数据缺失，所以只收集了 2012～2019 年中国除西藏自治区、港澳台以外的 30 个省（自治区、直辖市）的相关数据，并计算了东部地区、中部地区和西部地区的区域层面数据。

更换体现控制变量 L 的经济指标后，运用 Stata 软件，分别对全国、东部地区、中部地区和西部地区的高技术产业科技创新效率进行回归分析，结果如表 5 - 5 所示。

表 5 − 5　稳健性检验 − 1

变量	东部地区	西部地区	中部地区	全国
GI	0.342 **	0.972 **	1.479 ***	0.884 ***
	(1.99)	(2.32)	(22.03)	(8.81)
CI	4.116 **	6.274 **	6.163 ***	4.823 **
	(4.13)	(5.73)	(13.64)	(4.80)
VCI	0.533 *	0.407 *	0.101	0.372
	(1.76)	(1.64)	(0.88)	(1.24)
L	0.721 *	0.166 *	7.037 **	1.686 **
	(1.84)	(1.79)	(4.19)	(3.37)
F	2.291	− 1.233	− 0.831 **	− 0.082 **
	(0.68)	(− 1.16)	(− 3.25)	(− 2.01)
R^2	0.470	0.621	0.800	0.729

注：*、**、*** 分别表示在 0.1、0.05、0.01 的水平下显著，括号内为 t 统计量。忽略常数项结果。

由表 5 − 5 中的结果可见，在更换代理控制变量 L 的新指标后，各个回归模型的新结果与原有结果均保持了较好的稳健性，即新旧回归结果之间保持了相同的符号和基本一致的解释水平。这说明表 5 − 4 中的原有回归结果是可靠的，各主要解释变量能够很好地解释不同区域的被解释变量的变化情况。

2. 变形回归模型后利用新方法进行估计

在回归模型 $\ln Y_{it} = \alpha_0 + \alpha_{i1}\ln GI_{it} + \alpha_{i2}\ln CI_{it} + \alpha_{i3}\ln VCI_{it} + \alpha_{i4}\ln L_{it} + \alpha_{i5}\ln F_{it} + e_{it}$ 中，对等号左侧的数据进行差分后得到区域创新效率的提升或变动幅度，此时等号右侧的指标应该仍保持一定程度的解释力。这是因为，假如各地区保持基本稳定的科技金融投入水平的话，各地区的科技创新效率应该能够保持相应的发展势头，即区域创新效率的变动情况可以延续：提升的趋势不变并且提升的幅度相近。这样，对回归模型的左侧做差分后，得到：

$$W_{it} = \alpha_0 + \alpha_{i1}\ln GI_{it} + \alpha_{i2}\ln CI_{it} + \alpha_{i3}\ln VCI_{it} + \alpha_{i4}\ln L_{it} + \alpha_{i5}\ln F_{it} + e_{it}$$

其中，$W_t = \ln Y_{t+1} - \ln Y_t$ 表示被解释变量数据的差分。

运用 Stata 软件，分别对全国、东部地区、中部地区和西部地区的高技术产业科技创新效率进行回归分析，结果如表 5-6 所示。

表 5-6 稳健性检验-2

变量	东部地区	西部地区	中部地区	全国
GI	1.022 ** (3.18)	2.071 (0.89)	1.066 * (1.72)	1.337 ** (2.12)
CI	3.076 *** (11.89)	0.855 * (1.77)	1.223 (0.83)	1.712 ** (4.24)
VCI	0.927 ** (2.30)	0.006 (0.41)	0.103 (0.66)	0.285 (1.49)
L	3.246 * (1.74)	1.038 * (1.71)	1.731 (1.34)	2.220 * (1.69)
F	0.701 (1.16)	1.047 (0.60)	-0.180 * (-1.85)	0.606 (1.05)
R^2	0.669	0.413	0.479	0.489

注：*、**、*** 分别表示在 0.1、0.05、0.01 的水平下显著，括号内为 t 统计量。忽略常数项结果。

由表 5-6 中的结果可知，在将原被解释变量数据的差分作为新的被解释变量后，各个回归模型的新结果与原有结果基本保持了较好的稳健性：一方面，除了极个别的回归结果外，多数新旧回归结果之间保持了相同的符号；另一方面，尽管有一部分回归结果的显著性水平和结果的大小发生了较大改变，但多数回归结果的基本解释力度得到了保持。对此，本书认为基于下述原因，上述改变很可能是合理的、可以接受的。由于 DEA 测算的区域创新效率指标取值介于 0 和 1 之间，其含义是衡量实际效率水平的相对变动趋势，而不是刻画实际效率水平的绝对变动情况，所以对被解释变量数据进行差分运算会弱化回归模型的解释力度。这样就会导致新的回归结果的显著性水平相较于原有回归结果出现较大的下滑，也会导致部分回归结果的大小发生较大改变。

基于上述分析，对比表 5 - 6 与表 5 - 4 中的新旧回归结果后，本书认为回归模型的各主要解释变量能够较好地解释不同区域被解释变量的变动情况，即表 5 - 4 中的回归结果是稳健的、可靠的。

3. 根据变量作用逻辑考察滞后时间序列

在生产函数 $Y_{it} = A_i GI_{it}^{\alpha_{i1}} CI_{it}^{\alpha_{i2}} VCI_{it}^{\alpha_{i3}} L_{it}^{\alpha_{i4}} F_{it}^{\alpha_{i5}}$ 中，当期的科技金融中政府支持（GI）、企业自主创新投入（CI）和风险投资（VCI）更能够对下一期的科技创新效率产生影响，而不是更能对当期的科技创新效率产生影响，而且当期的科技金融中 GI、CI 和 VCI 同当期的科技创新效率（衡量当期经济发展动力排序而非当期经济发展动力水平）之间很可能存在内生性问题，但同下一期科技创新效率（衡量下一期经济发展动力排序而非下一期经济发展动力水平）之间难以存在内生性问题。因此，对回归模型的主要解释变量进行时间滞后，得到：

$$Y_{i,t+1} = A_i GI_{it}^{\alpha_{i1}} CI_{it}^{\alpha_{i2}} VCI_{it}^{\alpha_{i3}} L_{i,t+1}^{\alpha_{i4}} F_{i,t+1}^{\alpha_{i5}}$$

两边取对数后可得回归模型：

$$\ln Y_{i,t+1} = \alpha_0 + \alpha_{i1} \ln GI_{it} + \alpha_{i2} \ln CI_{it} + \alpha_{i3} \ln VCI_{it} + \alpha_{i4} \ln L_{i,t+1} + \alpha_{i5} \ln F_{i,t+1} + e_{it}$$

按照此回归模型，运用 Stata 软件，分别对全国、东部地区、中部地区和西部地区的高技术产业科技创新效率进行回归分析，结果如表 5 - 7 所示。

表 5 - 7　稳健性检验 - 3

变量	东部地区	西部地区	中部地区	全国
GI	2.005 ** (6.72)	3.895 ** (4.18)	2.121 ** (4.05)	2.312 ** (5.87)
CI	8.935 ** (4.24)	1.899 * (1.83)	6.845 * (1.89)	6.100 ** (2.17)

续表

变量	东部地区	西部地区	中部地区	全国
VCI	3.393 ** (7.44)	0.253 * (1.90)	1.561 * (1.78)	1.595 * (1.76)
L	6.725 * (1.82)	1.442 * (1.92)	6.868 * (1.67)	4.625 * (1.78)
F	0.159 * (1.66)	0.099 (0.93)	-0.392 * (-1.84)	-0.085 * (-1.89)
R^2	0.911	0.823	0.858	0.884

注：*、** 分别表示在 0.1、0.05 的水平下显著，括号内为 t 统计量。忽略常数项结果。

由表 5-7 中的结果与表 5-4 中的结果对比可见，在对科技金融指标做一期滞后后，各个回归模型的新结果与原有结果均保持了较好的稳健性，即新旧回归结果之间基本保持了相同的符号和一致的解释水平。这说明表 5-4 中的原有回归结果是可靠的，各主要解释变量能够很好地解释不同区域被解释变量的变动情况。

第五节　本章小结

本章进行了科技金融对我国高技术产业区域创新效率的影响分析。本身我国高技术产业发展的地区差异显著，本章从科技金融支持高技术产业发展的命题入手，考察高技术产业区域创新效率背后的科技金融因素。这能为地方政府依靠科技金融手段提升区域创新能力提供对策建议。

本章首先运用数据包络分析方法建立效率测算模型对我国除西藏自治区、港澳台以外的 30 个省（自治区、直辖市）和东部、中部、西部地区以及全国的高技术产业创新效率进行了测算。然后，基于广义柯布-道格拉斯生产函数对科技金融支持高技术产业科技创新的地区差异进行了影响因素分析，主要结论如下。

我国各省份的高技术产业科技创新效率差异明显，以东部地区、中部地区、西部地区划分的区域创新效率差异也很明显。我国区域创新效率均值水平最高的是东部地区，其次是西部地区，而中部地区区域创新效率均值水平较低。大体上，本章认为中部地区效率均值低的原因在于：其一方面没有达到东部地区的经济发达程度，没有形成贸易开放的地理优势和科技人才集聚与技术创新能力积累优势；另一方面也没有像西部地区一样得到较大的政策支持。因而，中部地区的高技术产业科技创新所需资金、技术、人才都处于相对匮乏的低位水平，这使得它在高技术产业发展和科技创新效率上表现不佳。

科技金融对高技术产业科技创新起到支撑和加速作用，在科技金融体系的各项系统指标中，企业自主创新投入（CI）指标对提升高技术产业的科技创新效率效果最为突出。根据回归结果可见，企业自主创新投入对我国东部地区、西部地区和中部地区的高技术产业创新效率均有明显的正向提升作用。在相同条件下，企业自主创新投入对东部地区的提升促进作用最大，对中部地区的提升促进作用也较大，对西部地区的提升促进作用却明显偏小。事实上，对西部地区而言，西部大开发战略的支持使得西部地区的高技术产业快速发展，政策支持（GI）指标提高能带动西部地区科技创新效率明显提升，这意味着该项指标的投入得到了西部地区高技术产业的积极回应。回归结果还表明，在西部地区的高技术产业科技创新活动中，政府资金促进作用最为显著；而且同等的政府资金投入对提高西部地区的高技术产业创新效率的作用是远大于东部地区的。根据回归结果可见，风险投资（VCI）支持高技术产业发展和区域科技创新能力提升的作用在我国东部地区表现得非常强劲，然而对中部地区和西部地区的支持作用却不明显。

综上所述，科技金融对我国高技术产业区域创新效率的支持促进作用是显著的。但由于我国各地区的差异性，各地区高技术产业科技创新所受的支持促进作用因资源禀赋、地区经济和政策环境的不同而不同，尤其还因科技金融系统的具体实现支持方式的不同而存在较大差异性。

第六章　基于复合系统的协同度分析

　　根据第一章对科技金融概念的界定，本章认为科技金融是一个有机的体系，其主体是金融资源持有者，包括政府机构、金融系统主体以及市场投资者等，它们以资本金、金融产品、政策补贴和配套金融服务等多维度系统化的形式向科技创新主体提供资金、人才、制度的支持与服务。在创新企业、专业研发机构、高等院校等科技创新主体的研发、技术成果转化以及技术产业化的过程中，科技金融体系不断融合金融资本与科技产业链，以实现社会资源优化配置和产出效率的提升。科技金融是保障国家产业结构调整升级、发挥区域性资源优势的关键助力，更是推动科技创新持续发展的重要支撑。前述几个章节已经做了充分的推论说明与实证分析。科技金融与科技创新的协同发展使它们形成了一个交互的、体系性的整体。它是由各类金融资源主体和科技创新主体在创新发展的整个过程中的资源导入、交互应用、有序退出等一系列循环的动态行为共同构成的。

　　基于协同学视角，本章将科技金融创新体系视为科技金融与科技创新协同发展、相互作用、相互渗透、相互制约的一个有机整体。本书将科技金融创新系统定义为包含科技金融子系统和科技创新子系统两部分的复合系统。首先，在协同学理论视角下对科技金融子系统和科技创新子系统的协同作用机理做研究分析；其次，建立科

技金融和科技创新的协同度模型；再次，利用 2010～2019 年我国 30
个省（自治区、直辖市）（西藏自治区、港澳台除外）的数据测算
各省（自治区、直辖市）科技金融和科技创新的协同度，并予以讨
论分析；最后，基于协同度模型分析得到有关各省（自治区、直辖
市）科技金融和科技创新协同发展现状的总结。

第一节　协同学视角下的科技金融创新系统

协同学理论是将由两个或两个以上的子系统按照复杂结构方式、
相互关联作用所构成的复合系统作为研究对象，把复合系统的内在
有序结构作为具体分析对象。本节将科技创新子系统和科技金融子
系统视为一个整体复合系统，虽然两者具有不同经济属性，但明显
可见由两个子系统组成的复合系统中，它们之间具有协同学意义下
的正反馈性、有序性等良好的内在结构性质。

一　子系统定义与属性

首先，科技创新子系统涵盖的系统行为由创研团队、创新企业、
专业研发机构、高等院校和科研院所等主体的科学研究、发明创造、
成果转化与产业化等科技创新活动集合而成。相应地，为科技创新
子系统提供资金支持的各类主体的金融行为，也就是为科技创新活
动提供有效金融支持的各类主体的投融资行为构成了科技金融子系
统涵盖的系统行为集合。

有效的金融支持是科技创新子系统得以形成及发展的重要条件。
这有两方面的原因。一方面，对于任何创新行为和技术成果产业化
的进程来说，金融都是一个至关重要的核心动力。从企业资金融通
的难易程度很快能判断出其是否处于"陷阱"。从最基本的贷款到信
贷，"信贷对于实现创新是至关重要的，金融是驱动创新和科技产业

化的重要力量"（Schumpeter et al.，1934）。另一方面，在资金融通上处于困难境地的科技创新企业很容易掉入一个有想法但没资金的科技创新陷阱。此时，技术进步和经济发展受到均衡状态的限制，而导致"科技金融市场的缺乏和不健全严重损害科技创新和创新成果的产业化"（Hicks，1969）的结果。

从金融资源及支持的角度来看，科技创新得到的有效金融资源及支持主要分为由政府主导的投融资资源及由市场主导的投融资资源。对应到科技金融子系统中的行为主体及其行为分别是：政府部门及其主导的研究机构、公司通过科技创新支持计划、政策性贷款、天使引导基金、产业孵化计划、研发补助等直接或间接方式，投入资金引导科技创新的发展进程，也就是所谓的公共科技金融；商业银行、证券公司、保险公司、风险投资机构等通过股权融资、资产证券化、融资租赁等各类途径将寻求利润的资金投入科技创新主体中并加速其创新项目的发展，即市场科技金融。

从一般意义上看，公共科技金融的主体及其行动是有相当前瞻性、引导性以及持续性的，并且也不会以资金投入后所获得的利润作为其行为的主要目的。公共科技金融更注重的是对产业发展升级的引领以及整体社会产出效率的提升。

与公共科技金融相比，市场科技金融的投入主体更具有市场属性，常以风险投资公司、私募股权基金、证券公司、商业银行等为代表。投入主体的市场属性导致其行为也遵循市场化原则，同时也明确了其行为的核心目标——实现投资利润最大化，完全按照市场优胜劣汰的机制运作。市场科技金融的资金投入主体会通过比较不同科技创新项目的预期收益与相对应的风险损失，达到选择最优项目予以投资的目的，从而实现在给定条件限制下投资回报最大化的目标。例如，科技创新项目取得成功的早期很可能给相关产业带来一个快速发展时期甚至爆炸时期，但这种"成功"具有极大的不确定性，此时，商业银行能给予的科技金融支持是明显不足的，只有风险投资公司为获取快速发展时期或爆炸时期的高额利润，愿意通过寻找潜在的、带动技术进步和增长繁荣的"最优质"的科技创新项目来投资相应的科技创新领域（Perez，2002）。在这一过程中，科技创新需要科技金融，并且对科技金融而言，可预见的科技创新产业化以及高额的市场回报是需要用市场来检验的。此时市场科技金融只需满足市场的优胜劣汰机制，并不必然需要重视科技创新项目所在产业的发展或引领问题——当然它不排斥具有引领性的科技创新项目，甚至可能会因为具有很高的预期收益而受到特别关注。

另外，市场科技金融也不会从社会整体层面考虑科技创新项目的投入产出效率问题，而仅是聚焦投入项目本身的直接回报效益。总的来说，科技金融子系统的投融资行为和行为绩效同时包含公共科技金融及其社会投入产出绩效以及市场科技金融及其投资回报收益等多个部分。

从对科技创新项目进行优胜劣汰的市场化检验的角度看，科技金融为检验科技创新项目奠定了基础，提供了条件，完善了监督机制。科技创新项目的预期价值必须借助科技金融市场来预估和评价，从科技创新项目的种子期研发到后续创新和集成应用与产业化，在不同发展阶段都需要匹配不同的科技金融支持，让具有金融专业知识的投资者来评价并帮助实现其价值（Levine，1997）；同时也需要各类金融部门的专业化监督，从而控制科技创新的成本，最大限度地避免科技创新子系统出现市场失灵和道德风险问题（de la Fuente and Marin，1996）。这表明，科技金融子系统的存在能有效地降低科技创新子系统的风险和成本，也就是说，科技创新子系统除了需要科技金融子系统的资金支持以外，还需要科技金融子系统在风险评估和成本控制上的监督支持。

另外，科技创新活动又是科技金融体系形成的前提与发展的动力，这是因为"金融系统的发展在于动员储蓄、提升投资比率、提高资源配置率、增加 R&D 投资以及实现人力资本积累，并借助技术的进步实现经济稳态增长"（Solow and Swan，1956）。科技创新活动产出水平的高低决定了科技金融投资回报的多少，直接影响科技金融体系的收益和投入产出绩效，也就影响科技金融投资、融资行为的持续与科技金融子系统的演化发展。

一般而言，内部运作良好的科技金融子系统能支持科技创新企业的创立和发展，也能够大大降低科技创新企业获得外部资金支持的难度。同时，受到科技金融推动而发展的科技创新企业，其创新项目的发展及成果又形成动力持续推动科技金融子系统的健康发展，而不断涌现的成功科创企业也会助推产业持续升级、激励创新，使得经济繁荣发展（Rajan and Zingales，1998）。这表明高质量的科技创新活动能够提高经济增长率，促进科技金融的良性发展。由此可以预见，科技金融子系统与科技创新子系统的协同发展过程涉及复合系统体系内部的众多相关因素，可能形成多种系统状态。通过研究可知，这些系统状态共同构成一个相互作用、相互渗透、相互制约的科技金融创新有机整体。

二　子系统协同发展

科技金融子系统与科技创新子系统通过资金融通与人才流动的过程紧密地耦合在一起。科技创新项目从创始、起步、发展到成熟的每个阶段都需要科技金融子系统提供资金及人力的支持。一方面，资金从科技金融子系统中的投资主体（公共类或市场类）以各种支持形式流向科技创新子系统中的科技创新主体；另一方面，科技金融子系统中的专业人员也从各个维度支持和监督科技创新子系统中的科技创新发展过程。公共科技金融中的政府部门或其主导的机构主体及相关服务平台会根据不同类型的科技创新项目，选择专利奖金、产业专项扶持、财税优惠或返还、投贷联动、有偿使用等差异化的科技金融投融资方式予以支持。市场科技金融中的商业银行、证券公司、保险公司、风险投资公司等主体则通过债权、股权、融资租赁、知识产权证券化等金融工具以注资方式对相应的科技创新项目予以资金投入，并运用系统性的管控工具和体系控制自身的投资风险并保障收益。

无论是公共科技金融还是市场科技金融中的金融资源投入项目主体，该类系统行为都会产生一定的投资回报收益和社会效益。成功的科技创新项目使得资金流以各种形式从科技创新子系统回流到科技金融子系统，从而保证了科技金融子系统的资金投入具有可持续性。资金在两个子系统中的流动形成闭环也证明了整个科技金融创新系统中资金流动循环的完整性。

同时，任何科技创新子系统中的创新项目中必不可少的是能充分了解并对接科技金融的专业人才。而在科技金融高速发展的态势下，科技金融子系统中的投资主体也必须是具有科技创新实践经验的高技术人才，如此才能充分控制创新项目带来的风险并达到投资利润的最大化。

在整个资金与人才的循环过程中，将科技创新产出收益与科技金融投资绩效作为序参量确定科技创新与科技金融两个子系统是处于协同发展状态，则这个发展过程是正反馈作用的过程。

一方面，因为科技创新产出的增长能以直接或间接方式为市场科技金融主体提供投资回报，投资回报率作为显著标志能吸引更多类型的金融资本进入科技创新子系统，使市场科技金融的参与主体不断增加，且资金规模不断扩张。而且，公共科技金融投入产出的提升明显能促进企业发展、产业升级、经济质量提升，以及对社会税收有推动作用，进而增加公共科技金融投入的动力。另一方面，创新发展趋势形成后，科技金融的绩效将逐级提高，科技金融资金规模也将随之扩大。科技创新子系统得到充裕的资金以及有效的引导监督，有助于科技创新的产出呈规模性增长。这样的状态变动表明，科技创新子系统与科技金融子系统通过正反馈作用实现螺旋式上升，由它们组成的复合系统正向更高的有序结构演进。

而如果两个子系统处于非协同发展的状态下，科技创新产出较低将使得市场科技金融主体的投资收益率较低或者会出现收益率为零，甚至可能出现由资金成本高导致收益率为负的情况，进而导致金融资本的逐渐外流和市场科技金融资金规模的萎缩。科技创新产出较低同时会使得政府公共科技金融投入产出比处于低位，流动资金回笼缓慢，税收增长乏力，从而制约了公共科技金融投入增加的可能性。科技金融资金规模的缩小将明显削弱科技创新活动的积极性，对科技创新产出的增长形成制约，如此反复，将形成恶性循环，使科技创新与科技金融两个子系统构成的复合系统向更低的层次退化。

上述正向、反向两个作用过程表明，科技金融子系统和科技创新子系统存在协同发展过程，即两个子系统的进化或退化过程属于协同学视角下的两个子系统共生的耦合过程。此时，科技金融子系统与科技创新子系统的耦合过程也可以看作科技金融创新系统整体从无序到有序再到无序不断变迁的动态过程，其中涉及诸多系统状态参考变量。而依据协同学的序参量原理和支配原理，可通过子系统协作引入确定的序参量来度量复杂系统的整体有序行为。序参量既是科技创新与科技金融子系统的耦合过程与动态演化的协同产物，也对这两个子系统起到支配作用，并且其变化也决定了科技金融创新系统的整体演化方向。

在科技金融子系统和科技创新子系统协同发展过程中，科技创新产出绩效与科技金融投资收益起到一定的主导作用，符合作为关键序参量的根本标准。由科技创新子系统与科技金融子系统间耦合作用的发展过程和关键序参量的选择标准可知，科技创新产出绩效包含的创研团队、科技企业、高校和科研院所等各创新主体的技术研发、成果转化与产业化应用的集合，以及科技金融投资收益包含的公共科技金融投资收益与市场科技金融投资收益，都是下面章节中构建科技金融子系统与科技创新子系统协同度模型时必须考察的内容。

第二节　协同度模型设定、指标选择与数据来源

科技金融与科技创新的协同度是指科技金融子系统与科技创新子系统在发展演化过程中不断发展达到协调一致的程度。科技金融与科技创新的协同度在静态上反映的是科技金融创新体系在复杂（或复合）系统意义下的有序程度。科技金融与科技创新的协同度在动态上反映的是科技金融创新体系从无序的复杂系统走向有序的复杂系统的趋势。

本节根据复杂系统意义下的协同学理论，基于系统状态参量方式，构建科技金融与科技创新协同度的测度模型。模型构建包括如下三步：首先，建立科技金融子系统与科技创新子系统的有序度模型；其次，建立科技金融与科技创新的复杂系统协同度模型；最后，明确测度科技金融与科技创新协同度的指标体系内涵。

一　子系统有序度模型

当科技金融创新体系被视为由科技金融子系统 S_1 和科技创新子系统 S_2 两部分复合而成的时候，科技金融创新体系记为 $S = \{S_1, S_2\}$。

考虑子系统 S_j，设其发展过程中的序参量为 $e_j = \{e_{j1}, e_{j2}, e_{j3}, \cdots, e_{jn}\}$，其中 $n \geqslant 1$，$\beta_{ji} \leqslant e_{ji} \leqslant \alpha_{ji}$，$i = 1, 2, \cdots, n$。此处，$\alpha_{ji}$、

β_{ji}表示系统稳定状态临界点上的序参量分量e_{ji}的最大值和最小值。假定e_{j1}，e_{j2}，e_{j3}，…，e_{jk}为正向指标，即其取值越大，代表系统的有序程度就越高；相反，假定e_{jk+1}，e_{jk+2}，e_{jk+3}，…，e_{jn}为逆向指标，即其取值越大，代表系统的有序程度就越低。因此，可以做如下定义。

定义1：子系统S_j的序参量e_j的分量e_{ji}的系统有序度的表达式为：

$$\mu_j(e_{ji}) = \begin{cases} \dfrac{e_{ji} - \beta_{ji}}{\alpha_{ji} - \beta_{ji}}, i \in [1,k] \\[3mm] \dfrac{\alpha_{ji} - e_{ji}}{\alpha_{ji} - \beta_{ji}}, i \in [k+1,n] \end{cases}$$

由以上定义的表达式可知：$\mu_j(e_{ji}) \in [0,1]$。如果$\mu_j(e_{ji})$的数值越大，那么序参量e_j的分量e_{ji}对子系统的有序程度的"贡献度"就越大。反之，如果$\mu_j(e_{ji})$的数值变小，那么序参量e_j的分量e_{ji}对子系统的有序程度的"贡献度"就变小。

从总体上看，各个序参量分量e_{ji}对子系统S_j有序程度的"总贡献度"可通过对$\mu_j(e_{ji})$的集成来实现。集成的结果不仅与各个序参量分量的系统有序程度数值大小有关，而且与它们的具体组合形式有关。本书采用最简单的线性加权求和法进行集成，即给出如下定义。

定义2：序参量e_j的系统有序度$\mu_j(e_j)$为：

$$\mu_j(e_j) = \sum_{i=1}^{n} \lambda_i \mu_j(e_{ji}), \lambda_i \geqslant 0,$$
$$\sum_{i=1}^{n} \lambda_i = 1$$

由定义2推导可知：$\mu_j(e_j) \in [0,1]$。如果$\mu_j(e_j)$数值越大，那么序参量e_j对子系统S_j的有序程度的"贡献度"就越大，即子系统的有序程度就越高。反之，如果$\mu_j(e_j)$数值变小，那么序参量e_j对子系统S_j的有序程度的"贡献度"就变小，即子系统的有序程度就降低。定义 2 中的权重系数 λ_i 则量化表示了 e_{ji} 在保持系统有序运行过程中的重要程度。

二　复合系统协同度模型

定义 3：假设在复合系统处于初始的 t_0 时刻的时候，科技创新子系统的有序度为 $u_1^0\ (e_1)$，科技金融子系统的有序度为 $u_2^0\ (e_2)$。假设复合系统发展演变到另一个时刻 t_1 时，科技创新子系统的有序度为 $u_1^1\ (e_1)$，科技金融子系统的有序度为 $u_2^1\ (e_2)$。那么，科技创新与科技金融复合系统的协同度计算公式为：

$$C = Sig(\cdot) \times \sqrt{\mid u_1^1(e_1) - u_1^0(e_1)\mid \times \mid u_2^1(e_2) - u_2^0(e_2)\mid}$$

其中，$Sig\ (\cdot)$ 表示符号函数，其表达式为：

$$Sig(\cdot) = \begin{cases} 1, u_1^1(e_1) - u_1^0(e_1) > 0\ \text{且}\ u_2^1(e_2) - u_2^0(e_2) > 0 \\ -1, \text{其他} \end{cases}$$

由上文中复合系统的协同度计算公式推导可知，科技金融创新复合系统的协同度的判定过程需要基于时间序列的动态过程，即从科技创新子系统的有序度和科技金融子系统的有序度随时间变化的动态过程中，分析得出复合系统的协同状态。

经过基本的数学推理分析可知，复合系统的协同度计算公式中给出的科技金融创新复合系统的协同度在数值域上满足 $C \in$ ［ -1，1］。在 ［ -1，1］ 的取值区间内，协同度 C 的数值越大，科技金融创新复合系统的协同发展程度就越高。反之，如果协同度 C 的数值较小，那么科技金融创新复合系统的协同发展程度就较低。此处需要说明的是，协同度 C 为正的充分必要条件为：科技创新子系统与科技金融子系统在 t_1 时刻的有序度均大于这两个子系统各自在 t_0 时刻的有序度。也就是说，科技金融创新复合系统处于协同度为正的协同演进状态的充分必要条件是科技创新子系统和科技金融子系统在

t_1时刻的有序度优于它们两个各自在t_0时刻的有序度。

由复合系统的协同度计算公式推理可知：如果两个子系统中有一个子系统的有序度随时间演进后提高的幅度较大，而另一个子系统的有序度随时间演进后提高的幅度较小，那么虽然此时复合系统的协同度取值仍为正值，但数值较小，这表示复合系统的协同演进过程处在较低的良性发展水平上。

相反，如果出现科技创新子系统在t_1时刻的有序度小于它在t_0时刻的有序度的情况，那么无论科技金融子系统的有序度是何种情况，都将导致科技金融创新复合系统的协同度C取值为负的结果，这表示该复合系统处于非协同演进的劣质状态。同样如果出现科技金融子系统在t_1时刻的有序度小于它在t_0时刻的有序度的情况，那么无论科技创新子系统的有序度是何种情况，也都将导致科技金融创新复合系统的协同度C取值为负的结果，也表示该复合系统处于非协同演进的劣质状态。由以上分析可知，本节建立的复合系统协同度模型在综合考察科技创新子系统与科技金融子系统有序运行状况的基础上，提供了一种判断科技金融创新复合系统处于何种协同发展状态的评价标准与度量准则。

三 协同度指标体系

准确测算复合系统协同度的关键是构建科学合理的系统测算指标体系。测算科技创新与科技金融协同度的指标体系必须能够准确、有效地反映二者的协同发展状态，又不能过于繁杂，更要求指标数据表达的有效性。本节的复合系统协同度测算是基于时间序列的连续动态观测过程，包含两个子系统耦合过程中的协同状态及效果度量。科技创新与科技金融在有序程度方面的协同应反映出二者投入方面协同以及产出方面同步的状态，科技创新子系统与科技金融子系统投入的不匹配或过程管理的无效均会导致两个子系统在产出方面的同步效果较差。

综合来说，科技创新子系统与科技金融子系统需要在投入、过程管理、产出各方面协同的视角下，构建测算协同度的指标体系。时间序列上的测算结果可以反映两个子系统在整个耦合过程中的协同状态。由前面章节对科技创新与科技金融协同发展的分析可知，"序参量科技创新产出收益"与"序参量科技金融投资绩效"共同决定科技金融创新复合系统，它们是判定复合系统是否处于良性、快速、可持续发展状态的关键性参量。

按照前述章节中说明的科技创新发展阶段的顺序，将科技创新产出划分为技术研发产出、技术转化产出与产业化产出三部分。在 2009 年前的早期文献中，有的学者将科技金融投入分成地方政府财政科技投入、企业 R&D 投入以及金融机构科技贷款三部分，但是，这种统计方式实际会在很大程度上存在重叠部分。基于前面章节关于两个子系统中资金循环和人才流动的分析，本书将科技金融投入分成人力资本投入和物力资本投入两个方面来构建科技金融投入指标。

为了测算科技金融创新复合系统的协同度，表 6 - 1 列出了包括 2 个序参量以及 3 个科技创新产出指标和 2 个科技金融投入指标的指标体系。

表 6 - 1　科技金融创新复合系统协同度测算指标体系

序参量	序参量分量（指标）	具体含义
科技创新产出 S	技术研发产出 $S1$	国内专利申请授权数 $S11$
	技术转化产出 $S2$	技术合同成交额 $S21$
	产业化产出 $S3$	规模以上工业企业新产品销售收入 $S31$
科技金融投入 F	人力资本投入 $F1$	规模以上工业企业 R&D 人员全时当量 $F11$
	物力资本投入 $F2$	规模以上工业企业 R&D 经费 $F21$

四 数据来源

本节采用的数据样本为我国除西藏自治区、港澳台以外的 30
个省（自治区、直辖市）2010～2019 年科技创新与科技金融的数
据。科技创新与科技金融的复合系统协同度测算指标体系（见表
6-1）中的指标数据来源于国家统计局网站，且均采用直接查找的
方式获得。

第三节　结果与分析

本节利用前文构建的科技金融创新复合系统协同度测算模型和
测算指标体系（见表6-1），对我国 2010～2019 年的省际科技创新
与科技金融协同发展情况进行测算分析。

本节采用熵权法确定表6-1中各指标的权重，然后分别计算科
技创新子系统与科技金融子系统的有序度，进而求出科技金融创新
复合系统的协同度。

首先，将各指标数据代入子系统序参量分量有序度公式，据此
计算出科技创新与科技金融两个子系统序参量各分量的有序度。

其次，将算得的子系统序参量各分量有序度结果代入子系统有
序度公式，经过集成计算，得到各省（自治区、直辖市）科技创新
与科技金融子系统的有序度。此处，将二者进行简单的 OLS 回归可
知：两个子系统的有序度并不是简单的线性关系且它们的变化方向
与程度也有差别。

最后，将算得的科技创新与科技金融子系统有序度结果代入复
合系统协同度公式，计算得到我国各省（自治区、直辖市）2010～
2019 年科技金融创新复合系统协同度结果（见表6-2）。

表 6 - 2　2010 ~ 2019 年全国各地区科技创新与科技金融复合系统协同度

地区		2010 年	2011 年	2012 年	2013 年	2014 年	2015 年	2016 年	2017 年	2018 年	2019 年
东部	北京	- 0.052	- 0.057	- 0.064	- 0.083	- 0.080	- 0.070	- 0.055	- 0.067	- 0.074	- 0.097
	天津	- 0.029	- 0.017	- 0.012	- 0.006	- 0.009	- 0.011	0.002	0.018	0.002	- 0.023
	河北	- 0.016	- 0.011	- 0.012	- 0.006	- 0.007	- 0.002	0.013	0.020	0.021	0.017
	上海	- 0.057	- 0.015	- 0.056	- 0.109	- 0.089	- 0.108	- 0.103	- 0.115	- 0.120	- 0.142
	江苏	- 0.068	0.066	0.044	- 0.010	0.048	0.097	0.121	0.118	0.105	0.089
	浙江	- 0.041	- 0.037	- 0.069	- 0.075	- 0.045	- 0.023	- 0.014	0.011	- 0.018	- 0.020
	福建	- 0.017	- 0.010	- 0.015	- 0.014	- 0.007	- 0.006	0.003	0.022	0.024	0.027
	山东	- 0.052	- 0.030	- 0.039	- 0.049	- 0.034	- 0.023	- 0.019	- 0.016	- 0.022	- 0.023
	广东	- 0.070	- 0.057	- 0.075	- 0.083	- 0.067	- 0.063	- 0.057	- 0.011	0.016	0.048
	海南	0.000	0.000	0.000	0.000	0.001	0.001	0.001	- 0.001	- 0.001	0.000
中部	山西	- 0.009	- 0.013	- 0.019	- 0.021	- 0.016	- 0.013	- 0.017	- 0.025	- 0.027	- 0.031
	安徽	- 0.007	0.015	0.026	0.035	0.043	0.055	0.071	0.073	0.078	0.074
	江西	- 0.007	- 0.006	- 0.005	- 0.009	- 0.011	- 0.014	- 0.017	- 0.019	- 0.016	- 0.012
	河南	- 0.033	- 0.021	- 0.020	- 0.005	- 0.010	0.013	0.024	0.030	0.027	0.018
	湖北	- 0.026	- 0.018	- 0.018	- 0.011	- 0.012	0.031	0.049	0.054	0.061	0.050
	湖南	0.048	0.048	- 0.011	0.002	0.017	0.020	0.028	0.039	0.036	0.039
西部	内蒙古	- 0.002	0.000	- 0.002	0.003	0.001	- 0.002	- 0.006	- 0.007	- 0.007	- 0.006
	广西	- 0.006	- 0.004	- 0.005	- 0.004	0.003	0.004	0.003	- 0.004	- 0.007	- 0.006
	重庆	- 0.018	- 0.011	- 0.017	- 0.026	- 0.019	- 0.016	- 0.003	- 0.003	0.011	- 0.013
	四川	- 0.021	- 0.027	- 0.059	- 0.050	- 0.043	- 0.036	- 0.023	- 0.007	- 0.021	0.004
	贵州	- 0.001	- 0.001	- 0.003	- 0.002	- 0.003	- 0.003	0.003	0.001	0.003	- 0.001
	云南	- 0.005	- 0.003	- 0.004	- 0.002	- 0.002	- 0.004	- 0.003	0.002	0.005	0.010
	陕西	- 0.004	- 0.012	- 0.022	- 0.024	- 0.022	- 0.018	0.017	- 0.021	- 0.028	- 0.012
	甘肃	- 0.006	- 0.004	- 0.003	- 0.005	- 0.006	- 0.009	- 0.010	- 0.009	- 0.007	- 0.006
	青海	0.000	0.000	0.000	- 0.001	- 0.001	- 0.001	- 0.001	- 0.001	- 0.003	- 0.001
	宁夏	- 0.001	- 0.002	- 0.002	- 0.002	- 0.002	- 0.003	- 0.002	- 0.002	- 0.001	- 0.002
	新疆	- 0.004	- 0.004	- 0.005	0.006	- 0.003	- 0.004	- 0.001	- 0.003	- 0.004	- 0.005
东北	辽宁	- 0.022	- 0.031	- 0.043	- 0.057	- 0.066	- 0.054	- 0.060	- 0.084	- 0.090	- 0.087
	吉林	- 0.007	0.002	- 0.004	- 0.005	- 0.004	- 0.004	- 0.008	- 0.006	- 0.003	- 0.005
	黑龙江	- 0.012	- 0.015	- 0.016	- 0.012	- 0.016	- 0.015	- 0.020	- 0.025	- 0.032	- 0.047

根据表 6 - 2 可以得出各省（自治区、直辖市）科技金融创新的复合系统协同度 2010 ~ 2019 年的发展变化趋势（见图 6 - 1）。

通过分析 2010 ~ 2019 年我国 30 个省（自治区、直辖市）科技创新与科技金融子系统的有序度和复合系统的协同度结果，可以得出以下结论。一方面，科技创新子系统有序度总体呈上升趋势，但波动幅度较大；而科技金融子系统有序度的上升趋势不明显，且波动幅度较小。也就是说，科技创新子系统的上升趋势强于科技金融子系统，但波动稳定性略逊于科技金融子系统。另一方面，科技金融创新复合系统的协同度数值处在 [- 0.15, 0.15] 区间内震荡，整体上数值偏低。这两方面结果表明，我国省际层面的科技创新子系统与科技金融子系统之间尚未达到良性协同发展的效果，也就是说，科技金融创新的复合系统内部尚未形成良性协同的发展机制。

由分析可知，在国家与地方推进科技创新与科技金融协同发展的过程中，通常会将科技创新置于发展推动的核心位置，而科技金融被定位成匹配其发展的相关性要素，多数科技金融（尤其是公共科技金融和银行系统的市场科技金融）仅作为解决科技创新资金瓶颈问题的手段或方式。正是这样一种现状造成了上述科技创新子系统与科技金融子系统的有序度测算结果和复合系统的协同度测算结果。

应该承认科技金融尤其是市场科技金融有其自身的发展规律，合理的投资回报才是其发展壮大的必要条件。如果忽略科技金融中的投资主体和科技创新中的企业主体间的制衡关系、反哺关系，将科技金融子系统与科技创新子系统割裂必然导致两者协同发展的程度大打折扣，良性循环的发展路径难以实现，发展效果不佳。而且，正如前文从作用和影响机制上的分析，科技金融尤其是市场科技金融对科技创新主体的作用不仅仅是资金支持，还包括诸如优胜劣汰科技项目、监督协调运营过程、优化降低研发成本、降低信息不对

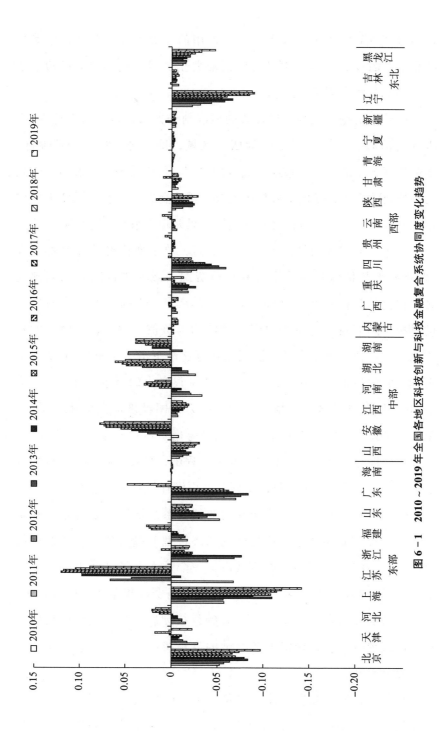

图6-1　2010~2019年全国各地区科技金融复合系统协同度变化趋势

称和道德风险的多渠道作用。这些作用的有效发挥，都必须依赖科技金融中的投资主体追求投资回报最大化的根本动机，即依赖市场化的科技金融资源配置逻辑。

另外，根据国家统计局发布的地区划分方法，可以将上述30个省（自治区、直辖市）划分为四个区域，即东部地区、中部地区、西部地区、东北地区。按照自然区域划分，可以分析、比较科技创新与科技金融的区域变化。从整体上看，科技金融创新复合系统的协同度在各省（自治区、直辖市）的测算结果差距由东向西逐渐缩小。

首先，分析我国经济发展水平最高、单个省份经济体量都居前（海南省因其特殊的经济资源和环境资源禀赋而被排除）的东部地区，也就是需要做重点分析的地区。北京市、上海市和山东省历年的科技金融创新复合系统协同度数值均为负值。并且，上海市的科技创新与科技金融复合系统协同度甚至逐渐下滑，直至在2019年下滑到了它的最低值 - 0.142。这一结果有很突出的警示意义。在所列的30个省（自治区、直辖市）中，作为中国经济的战略中心城市，上海市是我国科技创新实力最强和科技金融资源最丰富的直辖市，但是在实力提升和资源集聚的协同发展过程中，科技金融与科技创新的表现并不好，没有形成良性的协同关系，仍有很大的改进和提升空间。

天津市和浙江省的科技金融创新复合系统协同度数值也仅在少数年份出现正值。在近年持续推进经济转型升级和创新驱动发展的过程中，它们一个是北方重镇城市，一个是南方经济活力强劲的代表。但是，在自身经济实力提升和科技创新资源集聚发展的过程中，天津市和浙江省在各自省（市）内的科技创新与科技金融的协同发展上的表现也不好，未能形成稳健的良性协同关系，也有很大的改进和提升空间。

相对而言，河北省、福建省和广东省的科技金融创新复合系统协同度数值虽然在最初几年为负值，但在近几年的时间里各省科技创新与科技金融复合系统的协同发展趋于良性，连续出现了正值。在所有的东部地区省（市）中，科技金融与科技创新的协同度测算结果表现最好的是江苏省，它仅有 2 年的科技金融创新复合系统协同度数值是负值，而在其他年份均呈现正值。这意味着，江苏省科技金融创新复合系统内部表现出良好的、稳健的、持久的协同关系。而值得强调的是，广东省和江苏省也是我国经济发展速度最快、科技创新实力最强、金融资源最丰富和市场经济最高效的省份代表。它们的良好表现，为我国经济的长期发展尤其是创新驱动的经济转型添上了浓重的一笔亮色。

其次，分析我国经济发展水平居中的中部地区和经济发展水平不高的西部地区，这两个地区的经济体量都不算大，是未来我国经济发展的重要潜能所在。整体上看，中部地区的科技金融创新复合系统协同度测算结果要优于东部地区。除了山西省和江西省的科技金融创新复合系统协同度测算结果常年处于负值外，其他几个省份（安徽省、河南省、湖北省和湖南省）都是在经历了早期的负值之后逐渐提升达到了稳健的正值。在近些年的经济发展格局中，中部地区各省无论是在产业转型升级方面还是在金融服务业深化方面都有可圈可点之处。尤其，中部地区不仅有实力、有平台、有条件向东部地区借鉴、学习，而且还能基于后发优势做出符合自身发展定位的措施决定。同时，中部地区原本的经济体量不大但劳动力资源和人才资源都比较丰富，本身拥有很大的发展提升空间。所以，当中部地区出现宏观上的经济持续增长和产业发展的时候，将上述这些因素叠加在一起，就可以看到在科技金融创新复合系统中科技金融与科技创新两者协同发展且趋于良性的表现。

在西部地区中，云南省的科技金融创新复合系统的协同度测算结果先为负值然后逐渐转为正值，表现出不断提高的趋势，但这一过程的增幅不大。相反，广西壮族自治区、重庆市、陕西省、内蒙古自治区、贵州省、甘肃省和新疆维吾尔自治区的科技金融创新复合系统的协同度测算结果仅在个别年份出现正值，在其他大多数年份均为负值。另外，西部地区个别省（区）（青海省、宁夏回族自治区）的科技金融创新复合系统的协同度测算结果在全部年份中都取值为负（除为0值的情况）。上述结果说明西部地区各省（自治区、直辖市）的科技金融与科技创新协同发展情况整体上比较差，即便有少数省份略有改善但效果也不明显，没有形成持续的、良性的协同发展态势。

最后，东北地区的黑龙江省、吉林省和辽宁省的科技金融创新复合系统协同度测算结果常年为负。事实上，从宏观层面上看，近30年来东北地区的经济持续衰退，缺乏增长动力，急切期望振兴经济。为此，国家发展和改革委员会专门设立了东北振兴司。然而，从近年来东北地区的经济发展实际来看，地区发展困境凸显，不仅投资缩减、劳动力流失严重，而且科技人才外迁和消费"空心化"问题也很严重，可谓地区经济发展步履维艰。这已然说明东北地区的经济发展问题在宏观层面上大大有别于我国其他地区。因此，不能简单地把东北地区的科技创新与科技金融复合发展问题从它的经济发展困境中割裂出去。这意味着，东北地区科技创新与科技金融复合发展问题的深层次原因很可能与系统性的经济发展困境问题有关，需要全面深入的探讨分析，而不能一叶障目地做局部讨论。这超出了本书选题的研究范围，所以此处难以对东北地区的科技金融创新复合系统协同度测算结果做出科学合理的结果分析。

第四节　本章小结

本章基于协同学理论，建立协同度模型对各地科技金融创新复合系统的协同发展程度进行测算。首先，将科技金融和科技创新视为一个科技金融创新复合系统，该系统包含科技金融子系统和科技创新子系统两部分，系统性分析两个子系统的协同作用。其次，在建立科技金融与科技创新的协同度模型与指标体系的基础上，利用2010～2019年的数据对我国除西藏自治区、港澳台以外的30个省（自治区、直辖市）进行各地协同度测算和结果分析。最后，提出有关科技金融和科技创新协同发展现状的总结与分析。

　　本章的研究表明，我国绝大部分地区（除东北地区以外）的科技创新子系统的有序度呈上升趋势，科技金融子系统的有序度波动较小，上升趋势并不明显，但是各地的科技创新与科技金融复合系统协同度差异较大，在［－0.15，0.15］的数值区间内波动。总的来说，我国各地区经济发展尚未形成科技金融与科技创新协同良性发展的大趋势，只有不到半数的省份出现了科技金融与科技创新协同发展的良性态势，并且也仅是处于早期阶段，远未形成协同发展的稳定态势。

　　综上所述，本章利用协同学理论的定性分析方法构建科技金融创新复合系统协同度模型和协同度测算指标体系，进一步对科技创新子系统与科技金融子系统发展的有序度及复合系统的协同度进行定量计算，判断分析我国各地科技金融创新复合系统的协同发展态势，为政府深入推进科技创新与科技金融协同发展的有关决策及政策制定提供了科学依据和参考。

第七章 研究结论与政策建议

本书围绕"科技金融支持科技创新"这一理论命题展开，选择从科技金融支持科技创新的机制、效果、影响因素等方面进行系统的数理推理及实证分析，并提出可能的对策建议。本书主要形成了如下四个递进层面的观点。

第一，科技金融对科技创新的支持是有内在自洽的逻辑基础的，理论机制是非常清楚的。同时，内在机制又是需要在给定的外部制度与政策环境下才能发挥作用。受外部环境变迁或发展阶段不同的影响，科技金融对科技创新的支持作用会得到加强或者削弱，甚至表现为显著或不显著。

第二，研究表明我国科技金融支持科技创新的内部机制、外部环境均存在一定改善与优化的空间。

第三，通过判断我国科技金融支持科技创新的实践成果来分解各因素对支持作用的影响程度。由于许多经济因素是由内部机制内生决定的，所以从实践层面上看，只有紧紧抓住影响我国科技金融支持科技创新的外部环境因素，才能较好地厘清哪些科技金融手段是可以对支持作用起到加强效果的。

第四，提出促进科技创新的科技金融发展的对策建议必须要有针对性。我国科技金融支持科技创新的问题具有渠道异质性、阶段差异性、发展局限性、区域间和区域内不平衡性以及外部制度和政策环境变迁的复杂性等特点。因此，在复杂的问题面前，对策建议需要具有良好的可行性和针对性。

第一节　研究结论

本书建立"数理模型—实证分析"的理论研究框架，从数理模型推导出科技金融支持科技创新的内在机制，然后将三类常见的科技金融支持引入基本模型中进行推理，推导论证了科技金融支持科技创新的方法和途径，深入地揭示了科技金融支持科技创新的必要性，也清晰地阐释了科技金融支持科技创新的核心作用机理。在数理分析的基础上，本书利用30个省（自治区、直辖市）的数据，建立 DEA 模型，分析了科技金融对高技术产业区域科技创新效率的总体影响，以及细化分析了各类型的金融支持对科技创新效率起到的提升或抑制作用。此外，还以协同学理论为基础，建立了科技金融与科技创新的复合系统，并测算了我国30个省（自治区、直辖市）的复合系统协同度。还通过区域异质性分析，明确了科技金融支持科技创新时产生差异的根本原因。本书的研究结论如下。

第一，在不考虑科技金融支持的数理模型中，企业为达到科技创新的目的自发在不同风险类型的研发项目上分配研发资源，在市场均衡下企业自发的科技创新决策是厌恶风险的，即企业在高风险研发项目上的研发投入不足，达不到福利水平最大化的最优决策投入水平。并且在市场均衡时，行业中的企业数量多于决策层的最优决策，即科技创新市场上存在企业间的过度竞争。这意味着市场本身无法达成使社会福利水平最大化的结果，也证明了企业的自发决策具有改进的可能。因此，应以科技金融等政策手段引导企业加大对高风险研发项目的资源投入，还应引导有较强科技创新能力的企业留在产业内，避免由负外部性引起的恶性竞争。

第二，在基本模型中引入三种常见的科技金融支持，分析每一种特定方式的科技金融支持使企业在面对不同风险程度的研发项目时改变原本的厌恶风险的行为模式。科技金融支持科技创新的主要作用机制有三种：挤出效应、扭曲效应、影响产业内的企业数量。而不同的作用机制也导致三种常见的科技金融支持对科技创新的影响差异性较大，同时，不同的科技金融支持科技创新的成果对社会福利水平的提升作用也不尽相同。相比而言，定额科技金融的间接作用难以持续且社会投入成本过大，定比科技金融和科技奖励虽然也存在较大的社会投入成本，但是能够通过扭曲效应直接实现对自发科技创新决策偏差的矫正，同时达到提升社会福利水平的目标。因此，本书也明确揭示了"科技金融支持科技创新、提高社会福利水平"的作用机制。

第三，本书从两个角度研究了我国科技金融支持科技创新的效果。一是从我国科技创新区域发展不平衡问题入手，首先测算各地高技术产业的区域创新效率，揭示了我国 30 个省（自治区、直辖市）的科技金融对科技创新有明显的正向支持作用。再分析科技金融体系对高技术产业科技创新效率的影响，揭示了科技金融体系的支持作用受到地区资源禀赋的限制，并分析了产生区域差异的原因。二是通过建立科技金融和科技创新的复合系统，在协同学的视角下研究我国各地科技金融与科技创新的协同发展程度。由研究可知，我国各区域科技金融与科技创新的复合系统协同度不高，尚处于协同发展初级阶段而未能全部达到良性发展状态。应该推动科技金融与科技创新的协同发展，特别是需要尊重科技金融自身的发展规律，依靠市场化的金融资源配置逻辑，充分发挥其作用并形成优胜劣汰和监督机制，推动复合系统的正反馈机制向更高的有序结构演进。

第二节　政策建议

基于前述的研究结论，结合数理模型和经验效果分析，本书从推动科技金融支持科技创新、选择科技金融支持方式、科技金融支持高技术产业科技创新发展的区域化、科技金融与科技创新协同发展四个方面提出对策建议。

从推动科技金融支持科技创新层面来看，应该推动并保持科技金融的持续投入，从而更好地驱动科技创新发展。本书建议政府应以科技金融等政策手段引导企业加大对高风险研发项目的资源投入，从而矫正企业自发研发投入决策的风险厌恶偏向；而且政府还应关注由科技创新竞争的负外部性造成的过度竞争，坚持优胜劣汰的原则，以政策手段引导有较强科技创新能力的企业留在产业内，淘汰科技创新能力不强但会造成恶性竞争的企业。

从选择科技金融支持方式层面来看，本书不建议政府为加快实施创新驱动发展战略而采用定额科技金融的政策路径，而建议政府采用定比科技金融或科技奖励的政策路径，尤其是对高风险类型研发项目给予高定比科技金融或对高风险类型研发项目取得成功的企业给予高额科技奖励的政策路径，支持和引导企业加大对高风险研发项目的资源投入。而且，在二者中政府应采用有利于筛选科技创新能力强的企业的科技奖励政策路径，辅助使用定比科技金融政策。如果政府为加快实施创新驱动发展战略而采用定比科技金融或科技奖励的政策路径的话，还需要采取措施同步限制产业内企业数目的快速增加。例如，政府可以只为少数研发创新的龙头企业提供定比科技金融或科技奖励，同时采取有效措施限制创新能力不强的企业在低风险研发项目上积累创新研发经验，以此降低产业内因金融支持导致企业过度进入而产生的激烈竞争。

从科技金融支持高技术产业科技创新发展的区域化层面来看，本书提出如下建议。

首先，注重协调科技金融体系内各类投资主体的关系。要根据区域经济发展水平协调科技金融体系内各类资金支持主体的关系。在发展的不同阶段，政府支持、企业自主创新投入和风险资金支持充当的角色不完全一致。在区域经济发展水平发达度不高的情况下（例如西部地区和中部地区），政府支持已经起到或可以起到较大作用，那么地方政府就可以找准地区高技术产业优势方向，集中力量大力开展政府主导的高技术项目支持工作，打开高技术产业发展和科技创新能力提升的良好局面。政府支持主要起到的作用是为高技术企业发展和科技创新项目提供壁垒保障，引领和坚定其他投资主体对科技创新项目的投资信心，逐渐将政府支持的引领作用和其他科技金融参与主体的积极作用发挥出来。

在区域经济发展水平较发达的情况下（例如东部地区），企业自主创新投入和风险投资支持已经担当重任，市场化的机制已经可以较好地满足高技术产业发展的需求。而且凭借企业本身的资金实力以及风险资本对市场的敏锐反应，在市场竞争的淬炼下，高技术产业的科技深化和创新能力较强。事实上，企业自主创新投入和风险投资支持已经对政府支持产生了挤出效应。东部地区的地方政府应该更加注重软环境的建设，增强法制建设、知识产权保护和地方政府的服务意识以及对风险资金规范使用的防范意识，创造稳定向好的经济环境，使得企业自主创新投入和风险投资可以高效运作，最大限度地发挥对高技术产业发展和科技创新能力提升的支持作用。

其次，重视与科技金融体系和科技创新项目相匹配的高水平人才。无论经济发展处在领先水平还是追赶阶段，都必须重视与科技金融体系相匹配的科技金融人才，也必须重视与科技创新项目相匹配的科技创新人才。这两类人才都可以称为高水平人才。科技金融人才和科技创新人才组成的高水平人才队伍既是提升科技创新效率的决定性因素，也是保障科技金融支持科技创新的关键性因素。事实上，科技金融作为科技创新的外部保障、资金支持和激励力量，更需要一支优秀的科技金融和科技创新人才队伍加以运用和实施才能发挥积极作用。一般来看，东部地区具有相当的人才优势，而中西部地区受发展水平所限，往往缺少吸引高端、核心科技创新和科技金融人才的外部环境。但是，当聚焦到特定的产业和区域发展优势上时，地区优势并不是固定的。例如，在航空航天产业的发展中，中部和西部地区就具有极大优势，航空航天科技人才大量集聚在中部和西部地区。又如，在人工智能和数据驱动的高新技术产业发展中，中部和西部地区也具有极大的后发优势。只要各地的地方政府找准目标，科学规划，不断完善科技金融体系和科技人才管理制度，合理实施区域创新发展战略，稳步提升优势产业的创新能力，就能走出一条"别树一帜"的区域创新之路。

最后，尊重科技金融和科技创新活动参与主体的合法权利。地方政府要充分尊重在科技金融和科技创新活动实施过程中各类行为主体的地位。高技术产业的科技创新行为和科技金融活动，本质上是企业行为，是需要市场检验的市场化活动。因此，政府要让各类行为主体充分发挥自己的潜能。政府主要是在高技术企业有困难的阶段及时发现并施以援手，各地方政府应该履行好在科技金融和科技创新活动中维护市场环境和保护产权（尤其是知识产权）的职责。只有经济环境受到法治的保护，资产和知识产权受到尊重和保护，科技金融和科技创新活动中的各类主体才可以发挥各自的优势，实现科技金融主体与高技术企业的互利共赢。

从科技金融与科技创新协同发展层面来看，本书建议政府既要努力提高公共科技金融的投资绩效，也要注重创造条件提高市场科技金融的投资绩效，二者缺一不可。具体建议包括以下六点。

第一，需要利用多种手段提高科技创新能力。通过数字驱动的管理与分析技术方法筛选重点关注的科技创新领域予以支持和帮扶；运用科技创新计划等行政手段整合高等学校、科研院所、企业单位等科技创新主体，鼓励它们组建科技创新联盟或建成科技创新孵化器；搭建科技创新资源共享平台，推动科技创新资源的高效充分利用，从资源配置的角度保证科技创新产出最大化的外部环境；着重培育企业研发部门或企业实验室的科技创新能力，为产业发展的头部注入高敏捷性的关键动力等。

第二，需要激励地方政府努力提升科技创新与科技金融协同度。对资源禀赋不同的地区需要有不同的政策，国家动用有效手段激励地方政府提升各地的科技创新与科技金融协同度。为那些协同发展程度较好的地方政府提供正面激励；为科技金融与科技创新协同发展程度不好的地方政府提供负面名单、项目培训和机制帮扶。帮助落后地区寻找有效办法，落实科技金融资金的流入和科技创新人才的引进等政策措施。

第三，需要提升市场科技金融主体的市场投资能力。通过健全市场化管理机制和引入专业化人才来提升商业银行、证券公司、保险公司、风险投资机构等市场科技金融主体对于不同行业及主体的科技创新项目判断能力，以及对创新风险的评估与对系统风险的把控管理能力、资源注入后的监督和纠偏能力。加强对科技型上市公司的监管，强化信息披露制度，严格执行违法惩处机制，保障各类型市场科技金融投资主体的权益。为市场科技金融长期、良性、健康发展扫清科技创新产出的信息不对称障碍。在科技金融投资成功的领域，充分利用投资回报良好的示范效应，引导更多不同需求的社会资本逐渐投入科技创新领域，扩大科技金融市场主体和规模来应对科技创新发展中产生的更多不同需求。

第四，组建高层级的行业管理或协会组织，搭建一个动态平台来管理和采集科技金融与科技创新协同发展的实时情况和最新动态。不断深入研究科技创新与科技金融协同发展的过程，并且定期对协同状态予以统计测评和更新，对科技金融创新复合系统的良性发展提出意见及建议。打通科技创新与科技金融投资在资金及人才方面的信息数据通道；协调信息主管部门、财政部门、产业部门、人力资源部门等政府部门，银行、证券公司、保险公司、风险投资机构等金融机构和高等学校、科研院所、企业单位等科技创新主体之间的合作，为相关政策的有效落地实施提供保证。

第五，需要推进协同管理的量化指标建设与数据支持。推进科技创新与科技金融协同管理的量化指标建设，向科技创新与科技金融的各个参与主体提供数据信息与预测结果，提供参考依据；促进科技创新与科技金融协同管理的数据支持，让科技创新的成果、公共及市场科技金融的投资绩效、科技金融与科技创新发展的有序度和协调度等统计数据与测算成果充分发挥作用，并定期将已有的统计数据及测算结果作为依据对旧的量化指标做补充和更新。

第六，从知识产权方向建议与完善知识产权管理与保护的相关法律法规并密切关注相关领域。建立一个完善的知识产权管理保护的法律体系，不仅能保护各项创新成果的市场价值，也能对知识产权所有者的合法权益进行保护，使其能在完善的市场机制中将创新成果的价值最大化。同时，在知识产权保护的过程中，通过知识产权的公共产品特性，对反垄断的相关问题做深入反思，也是健全知识产权保护体系所必需的。

第三节 未来研究方向

本书针对科技金融支持科技创新的机制和效果做了多角度多层次的研究，但仍存在三个不足之处。①研究中聚焦的影响因素局限于资金和人力，缺乏对数据资源的考量。②研究涵盖的产业类型较为单一，仅针对高技术产业。③未考量科技金融支持过程中可能产生的风险对产业发展造成的影响。因此在接下来的研究中，应该扩大研究所覆盖的产业范围，同时在研究中加入数据资源作为影响因子，并且关注科技金融支持中出现的资产泡沫问题。

第一个方向：科技金融支持科技创新的发展就是金融资本与科技产业相互影响、深度嵌套融合的过程，其发展中资金、人才以及数据的流动是这个系统良性发展的关键。目前我国还属于发展的初级阶段，本书研究也主要聚焦资金和人力资源的支持投入方向，而针对数据资源对科技金融支持科技创新发展的影响研究非常有限。我国是世界上数据资源最丰富的国家之一，潜力巨大，数据资源在经济发展中起到越来越重要的作用。

后续研究应将数据资源及数据技术应用加入研究对象中，深入分析我国的数据资源和特有优势，针对其带来的新的支持手段和对科技创新的相关效应进行研究。

第二个方向：应该将研究的产业类型从高技术产业扩展到其他类型产业。本书研究仅基于我国目前大力发展的高技术产业，涵盖的产业类型较为单一。通过科技金融促进全行业企业科技创新是全面推进国家创新驱动发展战略的重要组成部分，政府不仅应关注微型、小型、创新型企业的创新能力提升，更需要对已有的传统制造业甚至新兴第三产业的科技创新受金融支持的作用和影响进行分析。

在后续研究中，应在更广泛的行业中搜集数据对研究的结论进行验证，并且增加对大型企业升级转型和对新兴企业发展的不同作用的分析，为全面推动国家经济高质量发展提供更多有参考价值和针对性的建议。

第三个方向：在后续研究中，应对科技金融导致的资产泡沫成因和影响范围做进一步分析，为科技创新持续发展提供对应标准以

及对可能出现的市场风险做必要的提示。我国乃至全球科技金融与
科技创新的发展都日新月异，但是任何金融资源配置过程都可能包
含资产泡沫问题。2018 年全球互联网行业的估值整体回调，包括后
续年度互联网领域的企业发展急剧收缩就已经说明了资产泡沫可能
带来的巨大影响。但是现有研究对科技金融支持科技创新可能带来
的科技资产泡沫问题关注不足，可能会导致科技金融支持科技创新
发展的过程中对风险的控制缺失。

参考文献

［1］白俊红，李婧．政府 R&D 资助与企业技术创新——基于效率视角的实证分析［J］．金融研究，2011，（6）：181 – 193.

［2］白俊红，王林东．政府科技资助与中国工业企业全要素生产率——基于空间计量模型的研究［J］．中国经济问题，2016，（3）：3 – 16.

［3］曹金飞，李芸达．互联网发展趋势研判及其对科技金融的影响［J］．科技管理研究，2020，（20）：15 – 21.

［4］曹文芳．科技金融支持科技创新的实证检验［J］．统计与决策，2018，34（13）：160 – 163.

［5］常亮，罗剑朝．科技金融投入差异对科技创新效率的影响研究——基于陕西省 237 家企业的经验考察［J］．西安财经学院学报，2019，32（2）：52 – 60.

［6］陈倩倩，陈业华，李风燕．基于共享投入 DEA 模型的我国区域创新效率预测［J］．统计与决策，2019，35（14）：37 – 41.

［7］戴志敏，郑万腾，杨斌斌．科技金融效率多尺度视角下的区域差异分析［J］．科学学研究，2017，（9）：1326 – 1333.

［8］邓雪，陈创杰，沈璐，梁颖．基于 Malmquist-DEA 模型的科技金融绩效评价——以广东省为例［J］．科学管理研究，2020，（21）：64 – 72.

[9] 丁日佳，刘瑞凝．科技金融对制造业结构优化的双重效应研究——基于省级制造业面板数据的 GMM 估计 [J]．科技进步与对策，2020，37（12）：55－63．

[10] 杜江，张伟科，范锦玲，韩科振．科技金融对科技创新影响的空间效应分析 [J]．软科学，2017，31（4）：19－22＋36．

[11] 樊杰，刘汉初．"十三五"时期科技创新驱动对我国区域发展格局变化的影响与适应 [J]．经济地理，2016，（1）：1－9．

[12] 冯锐，马青山，刘传明．科技与金融结合对全要素生产率的影响——基于"促进科技和金融结合试点"准自然实验的经验证据 [J]．科技进步与对策，2021，38（11）：27－35．

[13] 冯永琦，邱晶晶．科技金融政策的产业结构升级效果及异质性分析——基于"科技和金融结合试点"的准自然实验 [J]．产业经济研究，2021，（2）：128－142．

[14] 甘星，甘伟．环渤海、长三角、珠三角三大经济圈科技金融效率差异实证研究 [J]．宏观经济研究，2017，（11）：103－114．

[15] 高慧清．河南省科技金融支持科技创新的有效性研究——基于面板模型的实证检验 [J]．金融理论与实践，2017，（12）：65－70．

[16] 谷慎，汪淑娟．中国科技金融投入的经济增长质量效应——基于时空异质性视角的研究 [J]．财经科学，2018，（8）：30－43．

[17] 桂黄宝．我国高技术产业创新效率及其影响因素空间计量分析 [J]．经济地理，2014，34（6）：100－107．

[18] 郭景先，胡红霞，李恒．政府补贴与企业研发投资——科技金融生态环境的调节作用 [J]．技术经济，2019，38（7）：29－37＋118．

[19] 郭燕青，李海铭．科技金融投入对制造业创新效率影响的实证研究——基于中国省级面板数据 [J]．工业技术经济，2019，

38（2）：29－35.

[20] 韩晶.中国高技术产业创新效率研究——基于SFA方法的实证分析 [J].科学学研究，2010，28（3）：467－472.

[21] 韩景旺，陈小荣.河北省科技金融与科技创新互动发展关系的实证研究 [J].河北经贸大学学报，2020，41（3）：72－81.

[22] 韩鹏.科技金融、企业创新投入与产出耦合协调度及不协调来源 [J].科技进步与对策，2019，36（24）：55－62.

[23] 和瑞亚，张玉喜.中国科技金融对科技创新贡献的动态综合估计研究——基于自向量回归模型的实证分析 [J].科技管理研究，2014，34（8）：60－64.

[24] 贺永正，吴价宝，潘培培，卢珂.科技金融促进科技创新和经济发展的效率测度——以江苏省为例 [J].金融教学与研究，2015，（5）：51－54.

[25] 洪银兴.科技金融及其培育 [J].经济学家，2011，6（6）：22－27.

[26] 胡海云.我国科技金融与经济增长关系的区域差异研究——基于动态面板数据模型的实证分析 [J].重庆文理学院学报（社会科学版），2020，39（1）：57－64.

[27] 黄俊，孙武斌.科技创新导向下长江经济带科技金融发展竞争力研究 [J].价值工程，2017，36（4）：23－26.

[28] 黄新平，黄萃，苏竣.基于政策工具的我国科技金融发展政策文本量化研究 [J].情报杂志，2020，39（1）：130－137.

[29] 霍远，朱陆露.科技金融、科技创新与区域经济耦合协调发展研究——以"丝绸之路经济带"9省为例 [J].武汉金融，2018，（9）：57－62.

[30] 蒋俊贤.浙江科技金融结合效率及其影响因素研究 [J].浙江金融，2017，（12）：68－74.

［31］揭红兰．科技金融、科技创新对区域经济发展的传导路径与实证检验［J］．统计与决策，2020，(1)：66-71.

［32］金天奇．长江经济带科技金融与科技创新的联动效应研究［J］．浙江金融，2017，(6)：71-80.

［33］孔一超，周丹．企业生产率视角下科技金融试点政策效果及影响机制研究——基于新三板企业的实证检验［J］．金融理论与实践，2020，(10)：28-37.

［34］李合龙，徐杰，汪存华．粤港澳大湾区科技创新与金融创新的耦合关系［J］．科技管理研究，2021，(14)：56-64.

［35］李晓玲．甘肃省科技创新与科技金融耦合协调度实证研究［J］．生产力研究，2018，(7)：25-29.

［36］李俊霞，温小霓．中国科技金融资源配置效率与影响因素关系研究［J］．中国软科学，2019，(1)：164-174.

［37］李向东，李南，白俊红，谢忠秋．高技术产业研发创新效率分析［J］．中国软科学，2011，(2)：52-61.

［38］李向东，李南，刘东皇．高技术产业创新效率影响因素分析［J］．统计与决策，2015，(6)：109-113.

［39］李晓荣．公共科技金融对科技创新的作用：适用性与边界［J］．上海立信会计金融学院学报，2018，(3)：23-30.

［40］廉银萍．新疆科技金融支持科技创新作用的实证分析——基于灰色关联分析方法［J］．经济论坛，2017，(3)：39-41.

［41］刘传哲，管方圆．科技金融投入对高质量发展的门槛效应研究［J］．金融与经济，2019，(12)：26-35.

［42］刘海燕．习近平关于科技创新重要论述的形成及科学内涵［J］．山东干部函授大学学报，2019，(5)：16-19.

［43］刘火雄．科学技术是第一生产力［J］．党史博采，2019，(7)：4-8.

［44］刘檬，胡璇钰，张倩，李洪梅．公共科技金融与企业创新绩效的协同耦合作用——以北京市为例［J］．中国市场，2020，（3）：179－180.

［45］刘伟，李星星．中国高新技术产业技术创新效率的区域差异分析——基于三阶段 DEA 模型与 Bootstrap 方法［J］．财经问题研究，2013，（8）：20－28.

［46］刘伟．中国高新技术产业研发创新效率测算——基于三阶段 DEA 模型［J］．数理统计与管理，2015，34（1）：17－28.

［47］刘文丽，郝万禄，夏球．我国科技金融对经济增长影响的区域差异——基于东部、中部和西部面板数据的实证分析［J］．宏观经济研究，2014，（2）：87－94.

［48］刘文文，张畅．我国绿色金融的现状与发展瓶颈——基于消费金融和科技金融视角的破局思路［J］．西南金融，2020，（11）：35－45.

［49］龙云飞，杨慧，朱艳．基于 PCA-DEA-Moran 指数的科技金融发展效率评价研究［J］．贵州财经大学学报，2018，（6）：54－63.

［50］卢亚娟，刘骅．基于引力熵模型的科技金融区域协同发展研究——以长三角地区为例［J］．上海经济研究，2019，（1）：81－88＋128.

［51］卢亚娟，刘骅．科技金融协同集聚与地区经济增长的关联效应分析［J］．财经问题研究，2018，（2）：64－70.

［52］芦锋，韩尚容．我国科技金融对科技创新的影响研究——基于面板模型的分析［J］．中国软科学，2015，（6）：139－147.

［53］陆璐．"FinTech"赋能：科技金融法律规制的范式转移［J］．政法论丛，2020，（1）：137－148.

［54］陆岷峰．金融科技与科技金融：相互赋能与共生发展策略研究——基于科技、金融、经济生态圈视角［J］．金融教育研

究，2020，33（1）：17－23.

[55] 罗文波，陶媛婷. 科技金融与科技创新协同机制研究［J］. 西
南金融，2020，（1）：23－32.

[56] 马凌远，李晓敏. 科技金融政策促进了地区创新水平提升
吗？——基于"促进科技和金融结合试点"的准自然实验
［J］. 中国软科学，2019，（12）：30－42.

[57] 潘娟，张玉喜. 科技创新与科技金融制度协同度实证研究［J］.
金融理论与教学，2018a，（5）：43－49.

[58] 潘娟，张玉喜. 政府、企业、金融机构科技金融投入的创新绩
效［J］. 科学学研究，2018b，36（5）：831－838＋846.

[59] 戚湧，郭逸. 江苏科技金融与科技创新互动发展研究［J］. 科
技进步与对策，2018，35（1）：41－49.

[60] 邱兆林. 高技术产业两阶段的创新效率［J］. 财经科学，2014，
（12）：107－116.

[61] 宋纪宁，王天崇，赵一霖. 中国科技金融与技术创新关系的计
量分析［J］. 资源开发与市场，2013，29（11）：1145－1147＋
1144.

[62] 孙雪娇，朱漪帆. 科技创新与金融服务协同发展机制研究——
基于中国科技金融平台演化视角的多案例分析［J］. 金融发展
研究，2019，（1）：73－79.

[63] 提凯博. 科技金融支持科技创新力度研究——以山东省为例
［J］. 经济研究导刊，2014，（19）：108－110＋113.

[64] 佟金萍，陈国栋，曹倩. 区域科技创新、科技金融与科技贸易
的耦合协调研究［J］. 金融发展研究，2016，（6）：18－23.

[65] 汪恒，汪琳. 科技金融技术创新效应研究——基于行业面板数
据实证分析［J］. 当代经济，2018，（17）：108－111.

[66] 王海芸，刘杨. 区域科技金融发展水平测度与分析［J］. 技术

经济，2019，38（4）：50－56.

[67] 王宏起，徐玉莲．科技创新与科技金融协同度模型及其应用研究 [J]. 中国软科学，2012，（6）：129－138.

[68] 王卉彤，刘靖，雷丹．新旧两类产业耦合发展过程中的科技金融功能定位研究 [J]. 管理世界，2014，（2）：178－179.

[69] 王明英．我国科技金融与科技创新协同发展水平测度及提升 [J]. 金融理论探索，2017，（1）：68－75.

[70] 魏权龄．数据包络分析（DEA）[J]. 科学通报，2000，45（17）：1793－1808.

[71] 吴诣民，张凌翔．我国区域技术效率的随机前沿模型分析 [J]. 统计与信息论坛，2004，19（2）：18－22.

[72] 徐玉莲，王玉冬，林艳．区域科技创新与科技金融耦合协调度评价研究 [J]. 科学学与科学技术管理，2011，32（12）：116－122.

[73] 徐玉莲，于浪，王玉冬．区域科技创新与科技金融系统协同演化的序参量分析 [J]. 科技管理研究，2017，37（15）：15－20.

[74] 徐越倩，李拓，陆利丽．科技金融结合试点政策对地区经济增长影响研究——基于科技创新与产业结构合理化的视角 [J]. 重庆大学学报（社会科学版），2021，27（6）：1－15.

[75] 闫磊，姜安印，冯治库．科技型中小企业投资价值的生命周期特征及融资匹配分析 [J]. 当代经济科学，2016，38（3）：114－123.

[76] 杨卉芷，马鑫杰．科技金融对技术创新的影响及政策建议——基于灰色关联分析法 [J]. 西部经济管理论坛，2013，24（1）：44－47.

[77] 杨建辉，黎绮熳，谢洁仪．区域科技金融发展评价指标体系——基于投影寻踪模型分析 [J]. 科技管理研究，2020，40

（6）：69 - 74.

[78] 叶锐，杨建飞，常云昆．中国省际高技术产业效率测度与分解——基于共享投入关联 DEA 模型 [J]．数量经济技术经济研究，2012，（7）：3 - 17.

[79] 易明，张莲，杨丽莎，付丽娜．中国科技金融效率时空分异特征及区域均衡性 [J]．科技进步与对策，2019，36（10）：34 - 40.

[80] 余泳泽，武鹏，林建兵．价值链视角下的我国高技术产业细分行业研发效率研究 [J]．科学学与科学技术管理，2010，31（5）：60 - 65.

[81] 余泳泽．我国高技术产业技术创新效率及其影响因素研究——基于价值链视角下的两阶段分析 [J]．经济科学，2009，（4）：62 - 74.

[82] 曾胜，靳景玉．重庆市科技金融创新理念的实践探索 [J]．南通大学学报（社会科学版），2016，（5）：30 - 36.

[83] 翟华云，方芳．区域科技金融发展、R&D 投入与企业成长性研究——基于战略性新兴产业上市公司的经验证据 [J]．科技进步与对策，2014，31（5）：34 - 38.

[84] 张婕，金宁，张云．科技金融投入、区域间经济联系与企业财务绩效——来自长三角 G60 科创走廊的实证分析 [J]．上海财经大学学报，2021，23（3）：48 - 63.

[85] 张立新，赵天宇，杨敏达．科技创新系统与科技金融系统耦合协调度评价研究——基于山东省纵向和华东地区横向比较视角 [J]．鲁东大学学报（哲学社会科学版），2018，35（2）：65 - 70.

[86] 张萌，王广凤．科技金融对科技创新的影响——基于面板数据模型的分析 [J]．时代金融，2017，（26）：38 - 39 + 42.

[87] 张明喜，郭滕达，张俊芳．科技金融发展 40 年：基于演化视角的分析 [J]．中国软科学，2019，（3）：20 - 33.

［88］ 张腾，刘阳．科技金融发展是否促进了全要素生产率的提高？——基于空间计量模型的研究［J］．金融与经济，2019，（2）：20－35．

［89］ 张兴旺，陈希敏．科技金融创新融合问题研究［J］．科学管理研究，2017，35（2）：100－103．

［90］ 张玉喜，赵丽丽．中国科技金融投入对科技创新的作用效果——基于静态和动态面板数据模型的实证研究［J］．科学学研究，2015，33（2）：177－184＋214．

［91］ 张媛媛，袁奋强，刘东皇，陈利馥．区域科技创新与科技金融的协同发展研究——基于系统耦合理论的分析［J］．技术经济与管理研究，2017，（6）：71－76．

［92］ 张芷若，谷国锋．科技金融发展对中国经济增长的影响研究——基于空间计量模型的实证检验［J］．财经理论与实践，2018，39（4）：112－118．

［93］ 赵昌文，陈春发，唐英凯．科技金融［M］．科学出版社，2009．

［94］ 赵睿，韦翠，傅巧灵．京津冀地区科技金融生态比较研究［J］．科技促进发展，2021，17（7）：1385－1393．

［95］ 赵文洋，徐玉莲，于浪．科技金融结构对区域科技创新效率的影响［J］．科技管理研究，2017，37（21）：22－28．

［96］ 赵稚薇．科技金融对技术创新的作用效率研究［J］．金融经济，2012，（20）：67－69．

［97］ 肇启伟，付剑峰，刘洪江．科技金融中的关键问题——中国科技金融2014年会综述［J］．管理世界，2015，（3）：164－167．

［98］ 郑慧，李雪慧．基于协同模型的科技创新、金融创新与科技金融动态关系研究［J］．海南金融，2015，（12）：70－76．

［99］ 郑坚，丁云龙．高技术产业技术创新的边际收益特性及效率分析［J］．科学学研究，2008，26（5）：1090－1097．

［100］郑磊，张伟科. 科技金融对科技创新的非线性影响——一种 U 型关系 ［J］. 软科学，2018，32（7）：16 - 20.

［101］朱艳娜，何刚，乔国通. 科技创新与科技金融耦合系统模型多维测度 ［J］. 安徽理工大学学报（社会科学版），2017，19（1）：38 - 42.

［102］邹克，倪青山. 公共科技金融存在替代效应吗？——来自 283 个地市的证据 ［J］. 中国软科学，2019，（3）：164 - 173.

［103］Acs Z J，Anselin L，Varga A. Patents and Innovation Counts as Measures of Regional Production of New Knowledge ［J］. Research Policy，2002，31（7）：1069 - 1085.

［104］Aerts K，Schmidt T. Two for the Price of One Additionality Effects of R&D Subsidies：A Comparison between Flanders and Germany ［J］. Research Policy，2008，37（5）：806 - 822.

［105］Allen F，Gale D. A Comparative Theory of Corporate Governance ［D］. Wharton School，University of Pennsylvania，Working Paper，2002.

［106］Amore M D，Schneider C，Zaldokas A. Credit Supply and Corporate Innovation ［J］. Social Science Electronic Publishing，2013，109（3）：835 - 855.

［107］Ang J B. Research，Technological Change and Financial Liberalization in South Korea ［J］. Journal of Macroeconomics，2010，32（1）：457 - 468.

［108］Autio E. Evaluation of RTD in Reginal System of Innovation ［J］. European Planning Study，1998，6（2）：131 - 140.

［109］Ayyagari M，Demirguc-Kunt A，Maksimovic V. Firm Innovation in Emerging Markets：The Role of Governance and Finance ［D］. World Bank Policy Research Working Paper，2007.

[110] Beck T, Demirgüç-Kunt, A, Maksimovic V. Financial and Legal Constraints to Growth: Does Firm Size Matter? [J]. The Journal of Finance, 2005, 60 (1): 137 - 177.

[111] Benfratello L, Schiantarelli F, Sembenelli A. Banks and Innovation: Micro Econometric Evidence on Italian Firms [J]. Journal of Financial Economics, 2008, 90 (2): 197 - 217.

[112] Bernstein B, Singh P J. An Integrated Innovation Process Model Based on Practices of Australian Biotechnology Firms [J]. Technovation, 2006, 26 (5/6): 561 - 572.

[113] Bloch C, Graversen E K. Additionality of Public R&D Funding for Business R&D—A Dynamic Panel Data Analysis [J]. World Review of Science, Technology and Sustainable Development, 2012, 9 (2/3/4): 204.

[114] Bond S, Harhoff D, Van Reenen J. Investment, R&D and Financial Constraints in Britain and Germany [J]. Annales d'Economie et de Statistique, 2005, 80: 433 - 460.

[115] Calderón C, Liu L. The Direction of Causality between Financial Development and Economic Growth [J]. Journal of Development Economics, 2003, 72 (2): 321 - 330.

[116] Canepa A, Stoneman P. Financial Constraints to Innovation in the UK: Evidence from CIS2 and CIS3 [J]. Oxford Economic Papers, 2008, 60 (4): 394 - 398.

[117] Charnes A, Cooper W W, Rhodes E. Short Communication: Measuring the Efficiency of Decision Making Units [J]. European Journal of Operational Research, 1978, 2 (6): 429 - 444.

[118] Chowdhury R, Maung M. Financial Market Development and the Effectiveness of R&D Investment: Evidence from Developed and

Emerging Countries [J]. Research in International Business and Finance, 2012, 26 (2): 258 – 272.

[119] Cindy L B, Dirk C. Value for Money? New Microeconomic Evidence on Public R&D Grants in Flanders [J]. Research Policy, 2013, 42 (1): 76 – 89.

[120] Consoli D. The Dynamics of Technological Change in UK Retail Banking Services: An Evolutionary Perspective [J]. Research Policy, 2005, 34 (3): 461 – 480.

[121] de la Fuente A, Marin J. Innovation, Bank Monitoring and Endogenous Financial Development [J]. Journal of Monetary Economics, 1996, (38): 269 – 301.

[122] Fried H O, Lovell C A K, Schmidt S S, et al. Accounting for Environmental Effects and Statistical Noise in Data Envelopment Analysis [J]. Journal of Productivity Analysis, 2002, 17 (1 – 2): 157 – 174.

[123] George G, Prabhu G N. Developmental Financial Institutions as Technology Policy Instruments: Implications for Innovation and Entrepreneurship in Emerging Economies [J]. Research Policy, 2003, 32 (1): 89 – 108.

[124] Greenwood J, Jovanovic B. Financial Development, Growth, and the Distribution of Income [J]. The Journal of Political Economy, 1990, 98 (5): 76 – 108.

[125] Grossman G M, Krueger A B. Environmental Impacts of a North American Free Trade Agreement [J]. Social Science Electronic Publishing, 1992, 8 (2): 223 – 250.

[126] Guariglia A, Liu P. To What Extent Do Financing Constraints Affect Chinese Firms' Innovation Activities? [J]. International Re-

view of Financial Analysis, 2014, 36: 223 - 240.

[127] Hall B H, Maffioli A. Evaluating the Impact of Technology Development Funds in Emerging Economies: Evidence from Latin America [J]. European Journal of Development Research, 2012, 20 (2): 172 - 198.

[128] Hartmann G C. Linking R&D Spending to Revenue Growth [J]. Research Technology Management, 2003, 46 (1): 39 - 46.

[129] Hicks J. A Theory of Economic History [M]. Oxford: Clarendon Press, 1969.

[130] Hsu P, Wang C, Wu C. Banking Systems, Innovations, Intellectual Property Protections, and Financial Markets: Evidence from China [J]. Journal of Business Research, 2013, 66 (12): 2390 - 2396.

[131] Humphrey J, Schmitz H. How Does Insertion in Global Value Chains Affect Upgrading Industrial Clusters? [J]. Regional Studies, 2002, 36 (9): 203 - 266.

[132] Hwang S N, Lee H S, Zhu J. Handbook of Operations Analytics Using Data Envelopment Analysis [M]. New York: Springer, 2016.

[133] Kao C, Hwang S N. Efficiency Decomposition in Two-stage Data Envelopment Analysis: An Application to Non-life Insurance Companies in Taiwan [J]. European Journal of Operation Research, 2008, 185 (1): 418 - 429.

[134] Khilji S E, Mroczkowski T, Bernstein B. From Invention to Innovation: Toward Developing an Integrated Innovation Model for Biotech Firms [J]. Journal of Product Innovation Management, 2006, 23 (6): 528 - 540.

[135] Kortum S, Lerner J. Assessing the Contribution of Venture Capital

to Innovation [J]. Rand Journal of Economics, 2000, 31 (4):
674 – 692.

[136] Leibenstein H. Allocative Efficiency vs. "X-Efficiency" [J].
American Economic Review, 1966, 56 (3): 392 – 415.

[137] Levine R. Financial Development and Economic Growth: Views
and Agenda [J]. Journal of Economic Literature, 1997, (5):
699 – 701.

[138] Liu S G, Chen C. Regional Innovation System: Theoretical Ap-
proach and Empirical Study of China [J]. Chinese Geographic
Science, 2003, 13 (3): 193 – 198.

[139] Lu Y H, Shen C C, Ting C T, et al. Research and Development
in Productivity Measurement: An Empirical Investigation of the
High Technology Industry [J]. African Journal of Business Man-
agement, 2010, 4 (13): 2871 – 2884.

[140] Maskell P. Learning in the Village Economy of Denmark [C]. In
Cook P, Heidenreich M, Braczyk H. (eds), Regional Innova-
tion System. London: Rout Ledge, 2004, pp. 154 – 187.

[141] Morck R, Nakamura M. Banks and Corporate Control in Japan
[J]. Journal of Finance, 1999, 54 (1): 319 – 339.

[142] Nanda R, Rhodes-Kropf M. Investment Cycles and Startup Innova-
tion [J]. Journal of Financial Economics, 2013, 110 (2): 403 –
418.

[143] Neff C. Corporate Finance, Innovation and Strategic Competition
[M]. Springer Science & Business Media, 2012.

[144] Perez C. Technological Revolutions and Financial Capital: The
Dynamics of Bubbles and Golden Ages [M]. Cheltenham, UK
and Northampton, MA: Edward Elgar Publishing, 2002.

［145］Pietrobelli C，Rabellotti R. Upgrading in Clusters and Value Chains in Latin America：The Role of Policies ［R］. Sustainable Development Department Best Practices Series，2004.

［146］Popov A，Roosenboom P. Venture Capital and Patented Innovation：Evidence from Europe ［J］. Economic Policy，2012，27（7）：447 – 482.

［147］Predrag B. The Financing of Research and Development ［J］. Oxford Review of Economic Policy，2002，18（1）：35 – 51.

［148］Prescott E C. A Theory of Total Factor Productivity ［J］. International Economic Review，1998，39（3）：525 – 551.

［149］Rajan R G，Zingales L. Financial Dependence and Growth ［J］. American Economic Review，1998，88（3）：559 – 586.

［150］Robert G K，Ross L. Finance and Growth：Schumpeter might Be Right ［J］. Policy Research Working Paper Series，1993，108（3）：717 – 737.

［151］Saint-Paul G. Technological Choice，Financial Markets and Economic Development ［J］. European Economic Review，1992，36（4）：763 – 781.

［152］Sasidharan S，Lukose P J，Komera S. Financing Constraints and Investments in R&D：Evidence from Indian Manufacturing Firms ［J］. The Quarterly Review of Economics and Finance，2015，55：28 – 39.

［153］Schinckus C. The Financial Simulacrum：The Consequences of the Symbolization and the Computerization of the Financial Market ［J］. Journal of Socio-Economics，2008，37（3）：1076 – 1089.

［154］Schumpeter J A，Opie R，Hansen A H. The Theory of Economic Development ［M］. Cambridge，Mass：Harvard University Press，

1934.

[155] Schumpeter J. The Theory of Economics Development [M]. Cambridge: Harvard University Press, 1912.

[156] Solow R M, Swan T W. Economic Growth and Capital Accumulation [J]. Economic Record, 1956, 32: 334 – 361.

[157] Stulz R, Williamson R. Culture, Openness, and Finance [J]. Journal of Financial Economics, 2003, 70 (3): 313 – 350.

[158] Timmer M P. Technological Development and Rates of Return to Investment in a Catching-Up Economy: The Case of South Korea [J]. Structural Change and Economic Dynamics, 2003, 14 (4): 405 – 425.

[159] Vasilescu L G, Popa A. Venture Capital Funding-Path to Growth and Innovation for Firm [J]. Constantin Brancusi University of Targu Jiu Annals-Economy Series, 2011, 1: 204 – 213.

[160] Wang E C, Huang W. Relative Efficiency of R&D Activities: Across-Country Study Accounting for Environmental Factors in the DEA Approach [J]. Research Policy, 2006, 11: 14 – 28.

[161] Wang E C. R&D Efficiency and Economic Performance: A Cross-Country Analysis Using the Stochastic Frontier Approach [J]. Journal of Operational Research, 2007, 192: 949 – 962.

[162] Weber B, Weber C. Corporate Venture Capital as a Means of Radical Innovation: Relational Fit, Social Capital, and Knowledge Transfer [J]. Journal of Engineering and Technology Management, 2007, (24): 11 – 35.

[163] Weinstein D, Yafeh Y. On the Costs of a Bank-Centered Financial System: Evidence from the Changing Main Bank Relations in Japan [J]. Journal of Finance, 1998, 53 (2): 635 – 672.

图书在版编目（CIP）数据

科技金融支持科技创新：机制、效果与对策／李孟
刚，陈珊著． -- 北京：社会科学文献出版社，2022.8
ISBN 978 - 7 - 5228 - 0389 - 0

Ⅰ.①科… Ⅱ.①李… ②陈… Ⅲ.①科学技术 - 金
融 - 研究 - 中国②金融支持 - 技术革新 - 研究 - 中国
Ⅳ.①F832②F812.0

中国版本图书馆 CIP 数据核字（2022）第 110356 号

科技金融支持科技创新：机制、效果与对策

著　　者／李孟刚　陈　珊

出 版 人／王利民
组稿编辑／周　丽
责任编辑／徐崇阳
文稿编辑／陈丽丽
责任印制／王京美

出　　版／社会科学文献出版社·城市和绿色发展分社（010）59367143
　　　　　地址：北京市北三环中路甲 29 号院华龙大厦　邮编：100029
　　　　　网址：www.ssap.com.cn
发　　行／社会科学文献出版社（010）59367028
印　　装／三河市龙林印务有限公司

规　　格／开 本：787mm × 1092mm　1/16
　　　　　印 张：13.25　字 数：172 千字
版　　次／2022 年 8 月第 1 版　2022 年 8 月第 1 次印刷
书　　号／ISBN 978 - 7 - 5228 - 0389 - 0
定　　价／98.00 元

读者服务电话：4008918866